# D'ESCORCHES

*Comtes d'Escorches de Sainte-Croix* (titre de courtoisie, pris à
l'occasion des Honneurs de la Cour, en 1773) ; *marquis de
Sainte-Croix* (titre de courtoisie pris par les deux derniers
chefs de la famille ; *baron de l'Empire* (titre accordé à Robert,
mort sans postérité) ; *comte de l'Empire* (titre accordé le
9 juin 1810 à Charles, mort sans postérité).

Seigneurs et patrons de *Sainte-Croix du Mesnil-Gonfroy et des
Genettes ;* seigneurs de *Montormel, le Vivier, la Chavignière,
Val-Martel, Vimont, Moulines, la Rosaie, la Vallée, Aubry-
le-Panthou, Ouilly, le Parc-de-Boutigny, le Mesnil-Sainte-
Croix, etc.*; **en Normandie**; — seigneurs et patrons de *la
Trinité-sur-Avre, etc.*; **en Thimerais**; — seigneurs de *la
Grande-Noë*, en Moulicent; *le Bois-des-Mesnus*, en Mesnus ;
*les Tesnières et Rumien*, en la Lande; *la Guitonnière*,
en Eperrais; *la Hélière, la Moisière et le Boulay*, en Bisou ;
*Beaulieu*, en Saint-Quentin-le-Petit; *la Mouchetière*, en Boissi-
Maugis; *la Saussaie*, en Courtoulin; *Courboyer*, en Nocé ;
*la Reinière et la Fourmondière*, en Saint-Cyr-la-Rosière;
*Loisé, etc.;* **au Perche**.

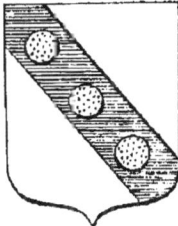

*D'argent à la bande d'azur chargée de trois besans d'or.*

La famille d'Escorches, d'origine chevaleresque, a sans aucun
doute pris son nom du fief et paroisse d'Escorches, situé au pays
de Trun, à trois lieues d'Argentan. En effet nous ne voyons aucun

membre de cette famille indiqué d'une façon précise comme seigneur de cette localité, mais dès 1200, Guillaume d'Escorches est cité dans le cartulaire de l'abbaye de Silly-en-Gouffern, sise entre Escorches et Argentan ; en 1208, Adam d'Escorches confirme à la même abbaye la donation de moitié d'un moulin sis dans le voisinage, à S<sup>te</sup>-Croix du Mesnil-Gonfroy, paroisse dont il aumôna le patronage à l'abbaye de Silly (d'après l'acte de confirmation par son fils Guillaume, en 1221), et ou après une résidence ininterrompue de six siècles (1) habitait encore un de ses descendants directs, Robert d'Escorches, marquis de S<sup>te</sup>-Croix, mort en 1861 (2).

Peut-être la présence à la 3<sup>e</sup> croisade de Guillaume d'Escorches, chevalier, qui s'y trouvait en 1190 et 1191 avec Richard de Houdetot (3), influa-t-elle sur le nom de *S<sup>te</sup>-Croix* du Mesnil-Gonfroy, soit que ce pieux seigneur eût rapporté de Palestine une parcelle de la vraie croix, soit autrement. Ce qui confirmerait cette supposition, c'est que les d'Escorches ajoutèrent aussi le nom de S<sup>te</sup>-Croix à la terre du Mesnil qu'ils habitaient, en la paroisse des Genettes, et à plusieurs autres : la Vallée, le Coudrai, etc. Les besans placés dans les armoiries de la famille le furent probablement alors, pour rappeler aux descendants de Guillaume la part prise par leur aïeul à cette grandiose épopée (4).

(1) Aux Archives de l'Orne (série E) sont quatre cahiers des « Pleds et Gages-pleges du fief, terre et seigneurie de S<sup>te</sup>-Croix du Mesnil-Gonfroy, appartenant à m<sup>ré</sup> Charles d'Escorches, chr, sgr du dit lieu de S<sup>te</sup>-Croix et autres lieux, tenus devant le manoir seigneurial du dit lieu par M<sup>e</sup> Alexandre-François Hellouin, s<sup>r</sup> de Crillu, lic. ès-loix civiles et canoniques, advocat aux juridictions royales d'Argentan, Exmes et Trun, sénéchal de la dite sieurie, à l'adjonction de m<sup>e</sup> Pierre Philippe, procureur aux dits sièges, pris pour greffier. » Un cahier concerne l'année 1720, un autre 1721 et deux 1726.

(2) Nous voyons bien dans un accord de 1172 entre S<sup>t</sup>-Martin de Tours et Robert, s<sup>r</sup> de Sablé, figurer parmi les témoins du côté de l'abbaye, un *Gaufridus de Escorcis* (B. N., coll. d'Anjou et Tour. V. n° 1886. *Ex pancarta alba S<sup>ti</sup> Martini Turon*, fol. 17<sup>vo</sup>); puis un *Gaufridus d'Escorces*, qui peut être le même que le précédent, témoin en 1184 dans une charte de Raoul, évêque d'Angers (Cartul. de S<sup>t</sup>-Vincent du Mans, B. N., ms. lat. 5444, p. 412 et 413), mais rien ne prouve que ces deux personnages appartinssent à la famille d'Escorches, de Normandie.

(3) *Guillelmus de Scourchiis, miles...* Charte d'emprunt; B. N., ms. lat. 17803, n° 182. Cette précieuse indication, ainsi que plusieurs des suivantes, nous a été fournie par M. le v<sup>te</sup> de Poli, président du Conseil Héraldique de France, auquel nous sommes heureux d'en adresser nos vifs remercîments. Le blason de la famille d'Escorches ne figure pas dans les salles des Croisades du musée de Versailles (de même que bien d'autres qui devraient s'y trouver aussi.

(4) Le besan, bezant ou bizant *(Byzantii nummus)* fut une monnaie frappée à Byzance du temps de l'empire des Latins. En blason, c'est une

Dès 1399, la famille d'Escorches paraît dans le Perche par le mariage de Guillaume III avec Jeanne de Prulay ; son fils Jean épousa également, en 1411, une percheronne : Jeanne de Coche-filet ; en 1504, leur arrière-petit-fils, Pierre, épousait à Mortagne Jeanne de Pluviers, mais la famille d'Escorches ne semble s'être établie dans notre province que depuis le mariage, en 1566, de Jacques avec Marie de la Vove, aussi c'est seulement à partir de cette date que nous étudierons en détail cette famille, n'en donnant que la filiation succincte pour les époques antérieures.

La famille d'Escorches n'est plus représentée dans le Perche et ce vieux nom est disparu, croyons-nous, par la mort du marquis de Ste-Croix, arrivée en 1861.

GUILLAUME Ier d'Escorches, chr,
croisé en 1190 ; cité dans le cartul. de Silly en 1200 (1),
père ou plutôt frère de :
ADAM d'Escorches (1208-1239)
fit plusieurs dons à St-Evroult et à Silly (2).

GUILLAUME II, sgr de Ste-Croix du Mesnil-Gonfroy, 1221-1227.

RAOUL, sgr de Ste-Croix en 1227, mort vers 1267.
(HUGUES (3), probablement son frère, est dit neveu de Guillaume).

JEAN Ier, sgr de Ste-Croix du Mesnil-Gonfroy en 1267 et 1268.

RICHARD, écr, vivant 1286 et 1331,
possessionné au Mesnil-Gonfroy et à la Fresnaye-Faïel.

GUILLAUME III, écr, sgr de Ste-Croix du Mesnil-Gonfroy,
vivant en 1351,
ép. avant 1313 : noble dlle *Jeanne de Neuville.*
dont : Guillaume IV qui suit.

pièce d'or ou d'argent, sans marque, ronde et plate. Les anciens chevaliers en chargèrent leurs écus pour montrer qu'ils avaient été de la 4e croisade qui donna naissance à l'empire des Latins, et dans la suite en général pour annoncer qu'ils avaient fait partie d'une croisade ou même seulement qu'ils avaient voyagé en Terre-Sainte.

(1) *Guillelmus d'Escorches,* 1200. (B. N. ms. lat. 11059, Cartul. de Silly, fol. 172.)

(2) Charte d'*Adam d'Escorches* confirmant, en 1208, à l'abbaye de Silly la donation de moitié d'un moulin sis à Ste-Croix du Mesnil-Gonfroy. (Arch. de la Soc. hist. de Lisieux.) Donation d'*Adam d'Escor-chiis* en 1209. (Cartul. de St-Evroult, 2e vol. B. N. ms. lat. 11055 et 11056, fol. 185ro, col. 1.) *Adam d'Escorchens* et *Hugues,* son fils, en 1223 et 1239. (B. N. ms. lat. 11059, cartul. de Silly, fol. 207 passim ; et B. N., cab. des titres, dossier bleu d'Escorches, p. 24.)

(3) *Hugo de Escorches,* en 1239. (B. N. ms. lat. 11059, cartul. de Silly, fol. 197.)

« Noble et puissant » GUILLAUME IV dit Guillemin, écr,
sgr de Ste-Croix et de Neuville, mort en 1399,
ép. : A vers 1341, dlle *Péronne du Val,*
B *Jeanne de Prulay* (1), dame de Montormel (remariée, en 1408,
à Jehan Hurel, sr du Bois-Turpin), morte en 1412, dont :

B JEAN II, écr, sgr de Ste-Croix, vivant en 1397, mort en 1412,
va à la Cour avec le cte d'Alençon en 1411 ;
ép., avant 1411, *Jeanne de Cochefilet.*

GUILLAUME V, écr, sgr de Ste-Croix et Montormel, mort vers 1484,
était en 1412 sous la garde de Jean de Prulay, chr,
sgr de Fresnay-le-Sanson,
ép., avant 1453, dlle *Jeanne de Montfort,* de du Castelier
et du Bosc-Gueret, fille de Perrette de Tillières ;
en 1473, ils partagent leurs biens à leurs enfants qui formèrent
les quatre branches : de Montormel et du Vivier,
de la Chavignière, de Vimont et de Valmartel existantes
en Normandie en 1666, et une établie en Picardie.

JEAN III, écr, sgr de Ste-Croix du Mesnil-Gonfroy, mort en 1505,
ép. : 1º en déc. 1468, *Gillette de Carville,* fille de Jean,
morte en 1497 ;
2º en 1499, *Marie le Prévost,* dont il n'eut pas de descendance.

PIERRE Ier, écr, sgr de Ste-Croix, 1488, mort en 1513,
ép., le 13 mars 1505, *Jeanne de Pluviers*
(fille de Jean, sgr du lieu, et de Blanche Mallart),
qui se remaria à Guillaume de Cuissé, sgr du lieu.

FRANÇOIS Ier, sgr de Ste-Croix, mort avant le mois de mai 1566,
ép., avant 1527, *Anne Abon,* ou *Habon,* ou *Hobon de St-Nicolas*
(fille de Robert, écr, et de Marie ou Anne de Cuissé),
dont Jacques qui suit.

## XIIIe DEGRÉ.

JACQUES d'Escorches, qui prit part, en qualité d'homme d'armes
de la cie d'Annebaut, à une revue passée à Mortagne en janvier 1556 [n. st.], épousa, le 20 octobre 1556, dlle Marie *de la
Vove* (2), fille ainée de Robert, sr de Tourouvre, etc., et de
dlle Antoinette Goëvrot.

Jacques, que nous voyons le 4 mai 1566 choisir en la succession

---

(1) D'après quelques généalogies, ce serait un autre Guillaume, fils de
Guillaume IV et de Peronne du Val, qui aurait épousé Jeanne de Prulay.
(2) LOVEL DE LA VOVE, en Normandie et au Perche, porte : *de sable à
six besans d'argent, 3, 2 et 1.*

de son père la terre et seigneurie de S^te-Croix (1), était mort avant le 24 avril 1598, laissant Marie de la Vove, qui vivait encore en septembre 1624, veuve avec cinq enfants :

1º FRANÇOIS, tige de la branche de S^te-Croix qui resta en Normandie et dont, pour cette raison, nous ne donnerons l'article et la descendance qu'en appendice ;

2º *Marie* qui épousa par contrat passé à S^te-Croix du Mesnil-Gonfroy, le 16 déc. 1576, Tannegui Gouhier (2), éc^r, sg^r de Launay et de Royville, fils d'Antoine, sg^r de Royville, et de Jeanne le Verrier. Tannegui Gouhier ayant été fait prisonnier de guerre par les ligueurs et conduit par eux à Rouen, sa femme, pour payer partie de sa rançon, vendit pour 333 écus d'héritages à Royville, par acte du 19 mai 1591. Elle était veuve et tutrice de deux de ses enfans encore mineurs le 19 avril 1610 (3) ;

3º GILLES, éc^r, s^r de la Vallée-S^te-Croix, qui habitait à S^te-Marguerite-des-Loges, près Livarot, lors de sa mort arrivée en 1634, avait épousé, le 3 juillet 1605, Marthe *de Cossette*, seule fille et héritière de Claude, éc^r, s^r de Sommereul, de laquelle il eut :

1" LOUIS, s^r de la Vallée-S^te-Croix, marié en 1634 à Claude *Aufrei* (4), par contrat passé devant les tabellions de la vicomté d'Orbec au siège de Livarot ; il habitait en 1667 à S^te-Marguerite-des-Loges et fut père de Guillaume, marié à Marie Sauvage, dont naquit François, sg^r de la Vallée, qui épousa à St-Martin-d'Argentan, le 2 février 1717, Marguerite de Robillard, fille de François-Jacques, éc^r, s^r du Noron, et de Marguerite du Voutier.

2" RENÉ, s^r du Coudré, dont le contrat de mariage fut passé, le 18 septembre 1638, au même endroit que celui de son frère avec d^lle Renée *de Vicqmarre* ; il habitait en 1667 en la paroisse de Chaumont, au bailliage d'Evreux ;

4º CLAUDE, sg^r du Parc-de-Boutigny, à Montgommery, relevant du comté de Montgommery, mort sans postérité ;

5º JEAN IV, dont l'article suit.

### XIV^e DEGRÉ.

JEAN IV d'Escorches, éc^r, sg^r du Mesnil-S^te-Croix et de Boutigny, un des 100 gentilshommes de la compagnie ordinaire du

(1) B. N. cab. des titres ; Nouv. d'Hozier, maintenue du 12 avril 1667.

(2) GOUHIER, en Normandie et au Thimerais, porte : *de gueules à trois roses d'argent.*

(3) Généalogie de la famille Gouhier, par Lainé, extraite de ses « Archives de la noblesse », p. 8.

(4) AUFREI (aliàs ANFRAY), en Normandie : *de gueules à huit besans d'or en orle ; à l'écusson de sable chargé de trois croissants du second émail et bordé du même.* (Magny).

c^te de Soissons, rendit, en 1605, aveu au c^te de Montgommery ; par contrat passé à Champs, le 13 février 1608, il épousa d^lle Charlotte *Abot* (1), fille de Gilles, vivant éc^r, s^r du Rérai, de la Chaise et de Champs, ch^r de l'ordre du Roy, enseigne de 100 gentilshommes de Sa Majesté et gentilhomme ordinaire servant de sa Maison, et de d^lle Françoise de Sans-Avoir, sa veuve, demeurant au bourg de Courccrault avec sa fille, laquelle apportait en dot 6,000 livres.

Jean paraît être décédé avant 1613, puisque, le 25 septembre de cette année, Robert, son neveu, s^r d'Ouilli, est tuteur des enfants mineurs qu'il laissait (2). En 1638, Charlotte Abot vivait encore. Ils eurent comme enfants :

1° *Jourdaine,* mentionnée à la Lande-sur-Eure dans un acte paroissial du 13 octobre 1623 ;

2° PIERRE, chef de la branche des Genettes qui suit ;

3° JEAN, auteur de la branche des seigneurs de Boutigny, Rumien, Loisé et le Bois des Mesnus qui suivra ci-après ;

4° *Margueritte,* qui, en premières noces, épousa Nicolas CHALOPIN (3), éc^r, s^r de la Galopinière (1633) ; Pierre faisait alors 150 livres de rente annuelle comme portion afférente en la succession de Jean d'Escorches, leur père, à sa sœur Margueritte ; en secondes noces elle épousa Alexandre FOUTEAU ou FOUSTEAU (4), éc^r, sg^r du Puy, mort avant le 4 février 1664, fils de Alexandre Fousteau, éc^r, sg^r du Puy et du Coudray, Conseiller Procureur du roi au bailliage et vicomté de Mortagne et des Eaux et Forêts du Perche, et de Guillemine Denizot. (Registres de la noblesse de France, de d'Hozier, t. V.)

Après la mort de son mari elle fut déchargée de son imposition au rôle des tailles (1664).

(1) ABOT, au Perche : *écartelé : au 1 et 4 d'azur à la coquille d'argent, au 2 et 3 d'argent au brin de fougère de sinople posé en pal.*

(2) Un acte signé à Paris nous apprend que Jean était propriétaire des offices de commissaire des tailles pour les paroisses de S^t-Martin d'Esperrais, S^te-Céronne, S^t-Sulpice, la Poterie, Brezolettes, la Ventrouze, S^t-Victor-de-Réno, la Chapelle-Montligeon, Maison-Maugis, Courcerault, Tourouvre, Randonnai et Contrebis.

(3) CHALOPIN, au Perche : *d'azur à trois rameaux d'or posés en pairle.*

(4) FOUSTEAU, au Perche : *d'or à l'arbre de sinople sur une terrasse de même* (arm^l de 1696) ; aliàs : *écartelé, au 1 et 4 d'argent au hêtre de sinople, au 2 et 3 d'azur à la cigogne d'or.* (Registres de la nobl. de Fr. de d'Hozier.)

# BRANCHE DES GENETTES,
## DE LA GRANDE-NOE, DE LA TRINITÉ ET DE MOULINES

### A. Seigneurs des Genettes, du Mesnil-Ste-Croix, des Tesnières, de la Gestière et de Chemilly.

### XVe DEGRÉ.

· PIERRE II d'Escorches, écr, sgr du Mesnil-Ste-Croix et des Tesnières, en la Lande, fils de Jean IV et de Charlotte Abot, volontaire dans le Régiment-Royal sous la charge du vicomte de Denonville, demeurant aux Tesnières, épousa, le 18 septembre 1633 : Marguerite-Marie *du Paty* (1) (ou *du Pasty*), fille de Jacques, sr de la Haye, lieutenant particulier, civil et criminel au baillage du Perche, et de Esprite Abot. Pierre se mariait ainsi à sa cousine du côté maternel et, au jour de son mariage, fut assisté de deux de ses oncles : Jean Abot, écr, sr du Rérai, prieur de Ste-Gauburge et curé de Champs, et Antoine Abot, écr, sgr de Champs, de la compagnie des chevau-légers de la Garde du Roy et Gentilhomme Ordinaire de sa chambre. Le douaire fut seulement de 300 l., somme relativement faible, même pour l'époque.

Marguerite mourut vers 1360 et Pierre se remaria, le 22 mars 1666, avec dlle Louise *Petitgas* (2), fille d'Isaïe, sr de la Garenne, conseiller du Roi, ancien président en l'Election de Mortagne, et de Marguerite Poulard (3). Pendant la durée de son premier mariage Pierre habita sa terre des Tesnières; lors de son second, il est établi aux Genettes et le premier de la famille prend le titre de patron des Genettes (4), terre qui était probablement entrée

---

(1) DU PASTY, au Perche : *écartelé au 1 et 4 d'argent à deux ancres de sable passées en sautoir, au 2 et 3 d'azur à trois fasces d'or.* (Preuves pour St-Cyr et arml ms. de 1696.) Lachenaye-Desbois ne leur donne qu'un ancre au lieu de deux.

(2) PETITGAS, au Perche : *d'argent au bourdon d'azur;* ou : *d'azur à trois têtes d'aigle d'argent;* ou : *de gueules à trois étoiles d'or.* (Arml ms. de 1696.)

(3) Marguerite Poulard mourut vers mars 1672; Isaïe Petitgas vivait encore en 1686.

(4) Cette terre des Genettes, située dans la paroisse du même nom (province de Normandie), confine à la forêt de la Trappe (province du Perche), et ne doit pas être confondue avec le petit château des Genettes, sis paroisse d'Essai, qui appartint aux Dufriche.

dans la famille d'Escorches par son alliance avec les Abot. En
même temps, Pierre possédait la Coisnonnière, à la Chapelle-
Fortin, et la Martinière, en Rohère. L'acte de partage de sa
succession (7 juillet 1692) nous apprend qu'en 1668 son fils
Antoine et lui avaient vendu leur terre des Tesnières au
m^is d'Aligre pour la somme de 20,000 l. Pierre mourut aux
Genettes en 1691, ayant eu de son premier mariage (contracté
58 ans auparavant) avec Marguerite du Paty, sept enfants :

1º ANTOINE, dont l'article suit ;

2º CHARLES, frère jumeau d'Antoine et auteur de la branche des
seigneurs de la Trinité-sur-Avre qui suivra ci-après ;

3º FRANÇOIS, baptisé à la Lande le 6 octobre 1642 ;

4º *Elisabeth*, baptisée le 24 février 1649, qui entra en religion
à Laigle chez les religieuses de N.-D. de Dilection, le 4 septembre 1672. Ce jour son père s'engagea par contrat à lui
faire une pension viagère de 150 l. qui serait portée à 180 l.
lors de sa mort, moyennant quoi il put jouir de la part revenant à Elisabeth sur la succession de sa mère, laquelle au
partage se trouva être de 1,490 l. ;

5º CHARLES II, s^r de la Gestière, baptisé le 7 mars 1655, qui fit profession de religieux le 1^er juillet 1675 ; il recueillit 1,490 l. du
partage de la succession maternelle le 7 juillet 1672 ;

6º PIERRE, baptisé le 25 février 1659, auteur de la branche des
seigneurs de Moulines dont nous parlerons plus loin ;

7º *Marie*, qui épousa François DE GIRARD (1), ch^r, sg^r de Marcouville, en Vitray-sous-Brezolles, où elle demeurait en 1692 ;
son testament, daté du 21 août 1714, ne fournit aucun détail
intéressant, elle y demande des prières après sa mort.

## XVI^e DEGRÉ.

ANTOINE d'Escorches, éc^r, sg^r et patron des Genettes, tenu
sur les fonds à la Lande, le 12 décembre 1639, par Antoine de la
Vove, baron de Tourouvre, épousa en premières noces, le
4 février 1664 : Anne *la Vie* (ou *de la Vie*), dont la mère, nommée
Françoise Michelet, mariée en secondes noces, en 1666, à Jacques
Brisard, s^r de la Mouchetière (probablement à cause d'elle), était
morte, veuve pour la seconde fois avant 1691. Anne la Vie eut
cinq enfants.

En secondes noces, Antoine épousa, le 29 mai 1673, Geneviève *de Fromentin,* fille de feu Gilles, s^r d'Esperrais, et de Marie
de Fontenay, demeurant à Bellême ; ce Gilles était fils d'autre
Gilles Fromentin, secrétaire de la Chambre du roi, et de Renée

(1) DE GIRARD, au Thimerais : *d'or au lion de sable, surmonté en chef
de deux fasces de gueules, chargées chacune de trois besans d'or.* (Soc.
dunoise, t. IV, p. 57, d'après les sculptures.)

Catinat, grand'tante du maréchal. Il lui donna 600 livres de douaire préfix ou coutumier à son choix. Il mourut à Mortagne, le 29 juin 1676, huit jours avant la naissance du second enfant de Geneviève ; son corps fut transporté aux Genettes. Le 15 juillet suivant, Geneviève mourait aussi à Mortagne : son corps alla rejoindre, aux Genettes, celui de son mari.

De son premier mariage avec Anne la Vie, Antoine eut :

1º PIERRE, baptisé à la Lande le 10 février 1666, cornette de cavalerie dans le régiment Royal Etranger, tué en 1690 à la bataille de Fleurus ;

2º GILLES-ANTOINE, dont l'article suit ;

3º *Anne-Elisabeth*, baptisée le 5 août 1667 à la Lande et mariée, le 30 avril 1692, aux Genettes, à Claude-François MARTEL (1), fils de François, sʳ des Chesnes, et de Anne-Marie de Chandebois. En 1697, Anne-Elisabeth était morte sans postérité ;

4º *Renée*, religieuse professe de la Visitation de Mamers, le 20 mai 1697 ;

5º *Françoise*, vivante le 20 mai 1697.

De son second mariage avec Geneviève de Fromentin, naquirent :

6º *Marie-Marguerite*, demeurant à Bellême, paroisse St-Sauveur, eut pour son lot, dans le partage du 20 mai 1697, la terre de la Guitonnière et diverses rentes ;

7º JEAN-ANTOINE, devenu tige des seigneurs de la Grande-Noe, en Moulicent, qui suivront ci-après.

### XVIIᵉ DEGRÉ.

GILLES-ANTOINE d'Escorches, écʳ, sgʳ et patron des Genettes, sʳ de la Hérissonnière, se maria, le 22 février 1695, à sa cousine *Marie-Anne d'Escorches*, fille de Robert II et de Charlotte Malart, qui mourut aux Genettes à 81 ans, le 22 juillet 1753, après avoir eu six enfants, et fut inhumée dans le cœur de l'église (2).

Au partage de la succession de ses ayeul et ayeule, Pierre II et Marie du Pasty, le 7 juillet 1692, il prit comme aîné, représentant son père Antoine tant en son nom qu'en celui de ses frères et sœur : 1º la somme de 14,000 l. faisant partie de celle de 20,000 provenant de la vente par son père de la terre de Tesnières au mⁱˢ d'Aligre en 1668, les 6,000 l. restant ayant servi à Antoine à payer les dettes de son père ; 2º la terre de la Coisnonnière et les héritages de la Martinière en la Chapelle-Fortin et Rohère, à charge de payer 700 l. au second lot ; 3º la somme de

---

(1) MARTEL DES CHESNES et DE MONTPINÇON, en Normandie : *de sable à trois marteaux et une étoile en cœur, le tout d'argent.* (Magny).

(2) Registres paroissiaux des Genettes.

2,500 l., pour son préciput, à la charge de la diviser entre ses frères et sœurs. Le 17 décembre 1699, Gilles-Antoine vendit, pour la somme de 6,000 l., à mᵣₑ Pierre-Antoine du Crochet, le fief, seigneurie, terre et métairie de Maisoncelle, en Boissi-Maugis, à lui échue de la succession de Françoise Michelet, son ayeule.

1º *Marie-Anne*, baptisée aux Genettes, le 8 août 1698, mariée aux Genettes, le 10 novembre 1734, avec Charles-Alexandre DE LAUNAY (1), garde du corps et capitaine de cavalerie, sgʳ du lieu, fils de feu Alexandre, écʳ, et de Anne-Catherine-Jacqueline Le Boin, de Courtomer;

2º *Marie-Charlotte*, baptisée le 4 septembre 1702;

3º GILLES, baptisé le 2 juillet 1704;

4º JEAN-GILLES, baptisé aux Genettes, le 26 août 1705;

5º ROBERT Iᵉʳ, qui fut baptisé le 22 février 1707 et eut pour marraine dᵁˡᵉ Catherine d'Escorches (fille de défunt Pierre d'Escorches et défunte dame de Samé), mariée vers cette époque avec Charles Chardon. Il fut reçu, le 28 juin 1725, page des écuries de la Reine, Mgʳ René-Mans de Froulay, cˡᵉ de Tessé, étant Premier Ecuier de Sa Majesté;

6º ROBERT II, sʳ de Chemilly, qui suit;

7º *Un sieur* Charles-Antoine d'Escorches, *inhumé, à 54 ans, le 16 avril 1754, dans le chœur de l'église des Genettes(2), serait-il fils de Gilles-Antoine et de Marie-Anne?*

### XVIIIᵉ DEGRÉ.

ROBERT II d'Escorches, écʳ, sgʳ de Chemilly, baptisé le 22 août 1709, ingénieur en chef de Carentan en 1758, mort ingénieur en chef à Granville, avait épousé : Anne-Victoire *de Gémare* (3), qui lui donna :

A ROBERT III, baptisé aux Genettes, le 3 novembre 1748;

B *Marie-Marthe*, 14 octobre 1750, mariée, d'après une généalogie manuscrite du Chartrier de la Grande-Noe, à M. DE CORDAY D'ORBIGNY (4).

Anne-Victoire de Gémare ayant été inhumée aux Genettes, le

---

(1) DE LAUNAY DE COHARDON, au Perche et en Normandie : *contrevairé argent et azur, chaque rang séparé par une cotice de gueules.* (Hist. généal. de la famille de Vanssay, par l'abbé Froger, p. 124); ou : *fascé de vair et de gueules de six pièces.* (Armˡ ms. de 1696.)

(2) Registres paroissiaux des Genettes.

(3) DE GEMARE ou GIEMARE, en Normandie : *d'azur au chevron d'or, surmonté d'un cœur du même et accompagné de trois étoiles d'argent.* (Magny.)

(4) DE CORDAY, en Normandie : *d'azur à trois chevrons d'or.*

30 avril 1752, à l'âge de 40 ans, Robert se remaria à Josèphe-Françoise *Le Hure,* de laquelle il eut :

C AUGUSTIN-ROBERT, né le 23 février 1758.

# BRANCHE DES GENETTES

## B. Rameau des Seigneurs de la Guitonnière, de la Grande-Noe et de la Mouchetière.

### *XVII<sup>e</sup> DEGRÉ.*

JEAN-ANTOINE d'Escorches, écr, s<sup>r</sup> de la Guitonnière, de la Mouchetière et autres lieux, puis de la Grande-Noe, fils d'Antoine I<sup>er</sup>, sg<sup>r</sup> et patron des Genettes, et de Geneviève de Fromentin, né à Mortagne, le 8 juillet 1676, huit jours après la mort de son père et huit jours avant celle de sa mère, fut confié à la tutelle de son demi-frère Pierre d'Escorches, sg<sup>r</sup> et patron des Genettes, et, après la mort de ce dernier, tué à Fleurus en 1690, à celle de messire Charles de Fontenay, écr, curé de St-Martin-du-Vieux-Bellême. Il était lieutenant au régiment de la Vove lors du partage des successions de son père et de son ayeul paternel qui eut lieu le 20 mai 1697 : on voit par cet acte que Jean-Antoine et sa sœur Marie avaient droit, pour leur part commune dans ces successions, à une valeur de 19,500 l., pour laquelle leur furent attribuées : les métairies de la Saussaie, sise au Perche, de la Martinière et de la Canonnière, sises en Thimerais, plus : une soulte de 500 l. Jean-Antoine et sa sœur Marie partageant, par le même acte, leur fortune jusqu'alors indivise, Jean-Antoine eut pour sa part : les trois métairies ci-dessus, les terres de la Reinière et de la Fourmondière, en St-Cyr-la-Rosière, achetées par sa sœur et lui, plus 267 l 2 s. de rente. Le 15 mars 1709, il passa contrat de mariage à la Poterie, en Abondant, avec Elisabeth *de Trousseauville* (1), fille de feu Antoine, ch<sup>r</sup>, sg<sup>r</sup> de Chérisy, et de Marie-Charlotte le Roy ; il apportait à la communauté 3,000 l. et la future pareille valeur en meubles et joyaux. Le 16 mai suivant, ils s'épousèrent à Abondant et y demeurèrent quelques années jusqu'au décès du propriétaire de la Grande-Noe, qui appartenait alors aux Trousseauville, famille d'origine chevaleresque dont plusieurs membres habitèrent à Moulicent, Neuilly-

(1) DE TROUSSEAUVILLE, en Normandie, au Perche et au Thimerais : *de sable à la croix d'or anillée d'or* (Lach. Desbois); aliàs : *de sable à la croix ancrée d'or.* (Recherche de B. de Marle, 1666.)

sur-Eure et les Mesnus; c'est seulement en 1722 que nous voyons Jean-Antoine prendre le nom de sg<sup>r</sup> de la Grande-Noe, où il mourut en février 1732. Le 5 mars de cette même année, Elisabeth de Trousseauville, sa veuve, accepta, devant le bailli de Longny, la garde-noble de leurs trois enfants mineurs survivants, et le 27 on fit l'inventaire des biens de Jean-Antoine. Elisabeth de Trousseauville vivait encore en 1757 et avait eu sept enfants, au moins :

1° *Elisabeth*, née et baptisée à Cherisy, le 15 octobre 1710, et vivant non mariée en 1754;

2° *Charlotte-Elisabeth*, âgée de quinze ans et neuf mois en mars 1732; vivante non mariée en 1754;

3° JEAN-ANTOINE, dont l'article suit ;

4° PIERRE-PAUL, baptisé à Moulicent, le 30 juin 1723 et mort avant 1732 ;

5° *Renée-Charlotte*, baptisée à Moulicent, le 29 novembre 1724, et morte en novembre 1725;

6° *Barbe-Marguerite*, baptisée à Moulicent, le 9 mai 1726, et morte avant 1732;

7° FRANÇOIS-SIMON, baptisé à Moulicent, le 28 octobre 1728, était en 1757 s<sup>r</sup> de la Mouchetière et l'un des 200 Chevau-Légers de la Garde du Roi; il se maria, le 17 janvier de cette année, au château de Courboyer, avec Marguerite-Elisabeth *de Barville* (1), fille de Pierre de Barville, ch<sup>r</sup>, sg<sup>r</sup> de Courboyer, S<sup>t</sup>-Quentin, le Boisguyon, l'Ormarin en partie, etc., et de feue Marguerite des Faverils; les deux époux apportaient à la communauté chacun 1,000 l. Le 3 novembre de la même année 1757, Marguerite mourut laissant un enfant :

PIERRE-FRANÇOIS, qui, du fait de sa mère, hérita en 1762 d'une moitié de la succession de son ayeul, Pierre de Barville, dont l'autre moitié revint à Marie-Marguerite de Barville, sa tante, mariée à François-Louis de Mésenge, ch<sup>r</sup>, sg<sup>r</sup> de Chardonnet. Cet héritage, y compris les biens venus de Marguerite des Faverils, se montait à 98,728 l. et Courboyer avec ses dépendances fut évalué à 18,080 l. Le partage de ces biens fut fait le 15 août 1762, et François-Simon d'Escorches choisit, au nom de son fils, les seigneuries de Courboyer et de Beaulieu, ainsi que diverses autres terres; cet enfant vivait encore en mars 1772 (2), mais il dut mourir jeune, car depuis nous

(1) DE BARVILLE-NOCÉ, au Perche : *d'or au sautoir de gueules, cantonné de quatre lionceaux de sable.*

(2) Analyse d'un règlement passé devant Lange, le 21 mars 1772, où figure Jean-René-Joseph le Bouleur, ch<sup>r</sup>, sg<sup>r</sup> de Brotz et y demeurant, oncle maternel de Pierre-François d'Escorches, fils du sg<sup>r</sup> de la Mouchetière et de Marguerite-Elisabeth de Barville. (Collection de M. l'abbé Gaulier, curé de Marmouillé.)

n'entendons plus parler de François-Simon ni de son fils, et la terre de Courboyer, revenue à la famille de Mésenge, fut vendue, il y a une vingtaine d'années, par Fernand, v^te de Romanet, dont la mère, Mathilde de Mésenge, était arrière-petite-fille de François-Louis et de Marie-Marguerite de Barville.

### XVIII^e DEGRÉ.

JEAN-ANTOINE II d'Escorches, s^r de la Guitonnière et de la Grande Noe, fut baptisé à Moulicent, le 24 mars 1722. Il eut pour parrain et marraine Louis-Antoine d'Escorches, mort à Moulicent l'année suivante, et Marie-Elisabeth d'Escorches, sa sœur (1).

Le 4 juillet 1748, Jean-Antoine se maria à Chartres avec Marie-Madeleine *Laisné*, fille mineure de messire Claude-Marin Laisné, conseiller du Roy, élu en l'Election de Chartres, et de dame Marie-Magdeleine Thorin. Jean-Antoine apportait en mariage la terre de la Grande Noe, une rente de 344 l., une terre et métairie située à Eperrais, les cens et droits seigneuriaux et les meubles laissés par son père; la future apportait 20,000 l. Ce mariage dura sept ans, pendant lesquels deux enfants prirent naissance :

1º VINCENT-CLAUDE-ANTOINE, né en 1751, qui devint sous-lieutenant des Gardes-du-Corps du c^te d'Artois. Lors de la Révolution il émigra; il était, en 1791, adjudant-major du régiment de Bourbonnais à l'armée de Condé (2), fut plus tard nommé colonel de cavalerie et mourut à Brunswik, le 14 mars 1798. Il avait fait, le 8 du même mois, son testament (dans lequel il prend le titre de comte d'Escorches de S^te-Croix), en faveur de sa sœur Charlotte et de son frère du second lit, Jean-François-Roch, sauf quelques dispositions particulières; contrairement à ce testament, sa succession fut partagée en 1829 entre le légataire universel de Marie-Elisabeth-Geneviève, sa sœur (M. de Bernard), sa seule héritière paternelle, et les quatorze héritiers de la ligne maternelle.

2º *Charlotte*, vivante en 1798.

Marie Laisné étant morte peu d'années après son mariage, Jean-Antoine épousa en secondes noces, le 18 avril 1755, au château de la Brière, en Ferrière-la-Verrerie, Geneviève *de Launay de Cohardon* (3), fille majeure de feu Jacques-René, ch^r,

(1) Ce Louis-Antoine, dont le nom ne nous apparaît que dans cet acte et celui de son décès, doit être un des fils de Jean-Antoine I^er et frère de celui dont nous parlons. Nous ne l'avons cependant pas inscrit au nombre des autres enfants n'ayant aucune pièce à l'appui.

(2) *Histoire de l'armée de Condé*, par Th. Muret, t. I, p. 392.

(3) DE LAUNAY DE COHARDON, voyez ci-dessus, p. 10.

sg<sup>r</sup> de la Brière, Bois-Chevreuil, etc., et de Marie du Buat de Bazoches. La fortune de Geneviève se montant à 20,000 l., qui lui venaient des successions de son père, de sa mère et de son ayeule maternelle, elle apporta 6,000 l. à la communauté et se réserva 14,000 l. comme propres. Jean-Antoine mourut à Verneuil, le 30 avril 1796, après avoir eu trois enfants de son second mariage :

> 3º JACQUES-ANTOINE, baptisé à Moulicent, le 24 février 1756, et mort avant 1798 ;
>
> 4º (JEAN-FRANÇOIS-) ROCH, baptisé le 9 mai 1758, décédé à Verneuil, le 2 octobre 1798, sans avoir eu d'enfants de son mariage avec d<sup>lle</sup> Marie-Antoinette *de la Fournerie de la Ferrière,* qui, en 1810, était remariée à Louis-Charles-François de Couespel, auquel elle porta les terres de Boisgency et de la Ferrière-Bouchard ;
>
> 5º *Marie-Elisabeth-Geneviève,* baptisée le 13 décembre 1759, mariée à Jean-Charles-François DE BERNARD, éc<sup>r</sup>, sg<sup>r</sup> de Villers et de la Beslière, fils aîné de Charles-René-Henri-François de Bernard, éc<sup>r</sup>, sg<sup>r</sup> de Villers et de la Beslière, capitaine d'infanterie, ch<sup>r</sup> de St-Louis, et de Marie-Françoise-Catherine Gaultier de Vaux, né en 1772, au château de la Beslière, près Mortrée (1). Capitaine de cavalerie, ch<sup>r</sup> de St-Louis, M. de Bernard avait émigré avec son père et son frère, puis il se fixa à la Grande-Noe, par suite de son mariage avec M<sup>lle</sup> d'Escorches, de treize ans plus âgée que lui, et qui testa en sa faveur, le 25 janvier 1814, lui donnant, à perpétuité et sans retour, tous ses biens meubles et immeubles « pour preuves, dit-elle, de l'affection et de la reconnaissance que je lui dois du bonheur dont je jouis sous tous les rapports ». Marie-Geneviève mourut sans enfants au château de la Grande-Noe, le 26 décembre 1815. Elle repose avec son mari dans le cimetière de Moulicent (2).

(1) DE BERNARD DE MARIGNY et DE VILLERS, en Normandie et au Perche : *d'azur à trois fasces ondées d'or.* (Recherche de B. de Marle, 1666).

(2) Jean-Charles-François de Bernard épousa en secondes noces, à Moulicent, le 12 juin 1817, M<sup>lle</sup> Aglaë-Elisabeth d'Erard, née le 12 novembre 1782 (23 ans après sa première femme), fille de m<sup>re</sup> Amand-Aimé, comte d'Erard, et de dame Marie-Elisabeth-Eléonore de Mauger. Veuf une seconde fois, le 18 janvier 1828, M. de Bernard mourut à la Grande-Noe, le 9 juillet 1833, laissant de son second mariage deux filles : Marie-Béatrix, mariée à M. Antoine-Henri Pineau, baron de Viennay, et Gabrielle-Henriette, mariée à M. Honoré-Gustave de Foulques. (Renseignements gracieusement communiqués par M. le Féron de Longcamp, gendre de M<sup>me</sup> la baronne de Viennay).

Le château de la Grande-Noe est actuellement la résidence de M<sup>me</sup> la baronne de Viennay, qui a bien voulu nous en communiquer les archives avec la plus grande bienveillance, ce dont nous lui renouvelons ici nos remerciments respectueux.

# BRANCHE DES GENETTES

## G. Rameau des Seigneurs de la Trinité, des Tesnières et du Mesnil-S<sup>te</sup>-Croix.

### XVI<sup>e</sup> DEGRÉ.

CHARLES d'Escorches, frère jumeau d'Antoine, sg<sup>r</sup> des Genettes, fils de Pierre II et de Marguerite-Marie du Pasty, fut baptisé à la Lande, le 12 décembre 1639. En 1666, portant le nom de s<sup>r</sup> des Tesnières et du Mesnil, il se maria à Gabrielle *Petitgas* (1), fille de Charles, s<sup>r</sup> de la Houssaye, bourgeois de Paris et avocat au Parlement, et de Marguerite Gobier, demeurant à Bellême. Gabrielle était nièce de la seconde femme de Pierre d'Escorches, son beau-père. En 1692, elle était veuve et demeurait aux Barres, paroisse des Genettes, elle y habitait encore en 1698, au moment du mariage de sa fille. Elle avait eu deux fils et une fille :

1º CHARLES, qui suit;
2º ANTOINE, diacre au moment du mariage de son frère (1700), desservant S<sup>t</sup>-Agnan de Chartres de 1704 à 1706, et curé des Genettes, où il signe comme tel, en 1734 et 1748;
3º *Marie*, qui épousa, par contrat passé à Mortagne, le 3 janvier 1698 : Louis DE GLAPION (2), éc<sup>r</sup>, sg<sup>r</sup> de Veranvilliers, fils de feu Tanneguy de Glapion, sg<sup>r</sup> de Routil, et de dame Madeleine de Bosquet, demeurant en sa terre de Veranvilliers en Thimerais; l'apport de la future était de 8,000 livres.

### XVII<sup>e</sup> DEGRÉ.

CHARLES II d'Escorches, éc<sup>r</sup>, s<sup>r</sup> du Mesnil-S<sup>te</sup>-Croix et patron de la Trinité-sur-Avre, demeurait aux Genettes lorsque, le 16 novembre 1700, âgé de 24 ans, il se maria avec d<sup>lle</sup> Catherine *du Val* (3), âgée elle-même de 19 ans, fille de Gilles, éc<sup>r</sup>, s<sup>r</sup> de la Trinité, et de dame Renée des Poiriers. Charles mourut le 10 novembre 1746, ayant eu treize enfants :

1º *Catherine-Madeleine*, baptisée le 1<sup>er</sup> septembre 1703;
2º *Geneviève*, baptisée le 2 mai 1705, décédée célibataire à la Trinité, le 7 novembre 1731;

(1) PETITGAS, au Perche et à Paris : *d'argent au bourdon d'azur;* ou : *d'azur à trois têtes d'aigle d'argent;* ou : *de gueules à trois étoiles d'or* (Arm<sup>t</sup> ms. de 1696.)
(2) DE GLAPION, au Thimerais et au Perche : *d'azur à trois fasces d'or.* (Recherche de B. de Marle, 1666.)
(3) DU VAL, en Normandie : *d'argent à la bande de gueules.*

3º *Louise-Charlotte,* baptisée le 10 juillet 1706, admise en 1716 au nombre des demoiselles élevées dans la maison royale de St-Louis à St-Cyr, après qu'il eût été prouvé qu'elle avait la noblesse nécessaire pour y être reçue;

4º *Anne-Marguerite,* baptisée le 10 juin 1707;

5º *Catherine,* baptisée le 25 septembre 1708 et morte l'année suivante;

6º CHARLES-ANTOINE, baptisé le 1er février 1711, curé de la Trinité-sur-Avre de 1748 au 8 mai 1781, époque de sa mort; il était alors chanoine de St-Maurice-lez-Chartres et patron honoraire de la Trinité-sur-Avre;

7º GILLES-ANTOINE, baptisé le 20 mars 1712 et mort l'année suivante;

8º PIERRE-ALEXANDRE, baptisé le 1er juin 1713, mort célibataire le 10 novembre 1746;

9º *Jeanne,* baptisée le 30 janvier 1715, morte l'année suivante;

10º CHARLES-MARIE-URBAIN, baptisé à Armentières, le 17 avril 1717, demeurait à Montgeron, près Corbeil, en 1793; il y fit son testament, le 30 mars de cette année et décéda le 22 avril suivant;

11º GILLES-CHARLES, dont l'article suit;

12º *Catherine,* baptisée le 13 août 1723 et morte l'année suivante;

13º *Marie-Madeleine,* vivante le 1er mai 1729 et décédée le 16 février 1739 (1).

## XVIIIe DEGRÉ.

GILLES-CHARLES d'Escorches de Ste-Croix, baptisé le 22 janvier 1720, épousa Marie-Marthe *Regnault,* le 1er février 1769, à Lyon, dont il était alors gouverneur (*aliàs:* major). En 1781, après la mort de son frère Charles-Antoine, curé de la Trinité, il eut, d'accord avec son aîné Marie-Urbain, certaine difficulté avec Jean-Hérode, président au grenier à sel de Mortagne, au sujet du retrait exercé par l'ancien curé de la Trinité, d'une acquisition faite par le sr Hérode et sa femme dans le ressort de la coutume de Châteauneuf-en-Thimerais. D'après une généalogie manuscrite (2), il aurait épousé en premières noces une dlle de la Richardière, dont il ne semble pas avoir eu d'enfants. Gilles-Charles mourut à Lyon en janvier 1793 et la maison qu'il habitait fut réduite en cendres pendant la nuit du 24 au 25 août 1793 (3).

(1) Une pièce conservée à la Trinité nous apprend que le sieur Berny, curé de la Trinité, par animosité contre Charles d'Escorches, n'avait pas mis dans l'acte que Marie-Madeleine était née « en légitime mariage » de Charles et Catherine du Val. Charles en manifesta son mécontentement à l'évêque de Chartres, qui, lors de son passage, ordonna la rectification de l'acte.

(2) Appartenant à M. l'abbé Gaulier, curé de Marmouillé.

(3) Arch. de la Grande-Noe.

Marthe Regnault décéda à Lignerolles, dans la Charente. Ils laissèrent un fils.

### XIXᵉ DEGRÉ.

CHARLES-PIERRE d'Escorches, de Sᵗᵉ-Croix, chʳ, né à Lyon, le 13 septembre 1770, page de Monsieur, puis officier de dragons, émigra en 1793. Il se crut tout d'abord à son retour frustré, outre ses biens personnels, de la succession de son oncle Charles-Marie-Urbain; mais il rentra plus tard dans la possession de la terre de la Trinité, parce que son oncle était propriétaire d'une partie de cette terre (évaluée en 1793 à 1,021 l. de revenu) et n'avait pas émigré. Il eut un procès avec un sʳ Dulong, auquel Charles-Marie-Urbain avait légué un diamant de 2,000 l. ou pareille somme à son choix et qui réclamait cette somme à Charles-Pierre. A son retour d'exil, Charles-Pierre vint résider d'abord à Verneuil, où il se maria, puis plus tard à la Trinité-sur-Avre, dans la terre de famille où ses enfants demeuraient encore en 1820.

En premières noces, il épousa à Verneuil: Marie-Françoise-Désirée *Le Hauguais*. Il en eut au moins quatre enfants :

1º ALPHONSE, mort à la Trinité, âgé de 2 ans, le 10 octobre 1800 (1);

2º *Zoé*, née à Verneuil, le 28 mai 1801, et mariée à Moulicent, assistée de Charles-François de Bernard, écʳ, sgʳ de la Grande-Noe, le 12 octobre 1819, à Joseph FRIOL, né à Barraux, en Dauphiné, le 28 décembre 1784, chef de bataillon, capitaine au 6ᵉ régiment de la Garde Royale, officier de la Légion d'Honneur, demeurant à Paris (2);

3º CHARLES, écʳ, mineur en 1814, demeurant à la Trinité au moment du mariage de Zoé, auquel il assista avec Aglaë *Revel* sa femme (3);

4º ACHILLE, mineur en 1814;

En secondes noces, Charles-Pierre épousa, le 14 février 1807, Marie-Magdeleine-Angélique *le Poincelier,* âgée de 23 ans, née à Laons, domiciliée à la Trinité, fille de Joseph et de Madeleine-Jacquette Boulais, demeurant à Verneuil. Charles-Pierre était mort avant le 17 mars 1814, époque où sa veuve était remariée au sieur Pierre-Félix Jourdan, ancien militaire, employé des Droits-Réunis.

Du second mariage de Charles-Pierre était issue :

5º *Emilie*, qui épousa Nicolas-Sulpice VALLÉE (3) et habitait avec lui Verneuil en 1842, époque où, se trouvant la dernière

(1) Archives de la commune de la Trinité-aux-Avres; état-civil.
(2) Registres paroissiaux de Moulicent.
(3) Généalogie ms. appartenant à M. l'abbé Gaulier, curé de Marmouillé.

représentante du rameau de la Trinité, elle se porta héritière, en son nom et en celui de son frère Charles, de Marie-François d'Escorches, mort aux Guillets en 1836 (dernier représentant de la branche de Boutigny), et dont le m<sup>is</sup> de S<sup>te</sup>-Croix et M<sup>me</sup> de Montagu (représentants de la branche aînée) avaient recueilli la succession ; ce ne fut pas elle, mais les Clouet d'Orval, issus comme le *de cujus* de la branche de Boutigny, mais du rameau du Bois des Mesnus qui finirent par rester maîtres de la partie de la succession de Marie-François d'Escorches, afférente à la ligne paternelle.

# BRANCHE DES GENETTES

## D. Rameau
## des seigneurs du Mesnil-S<sup>te</sup>-Croix

### XVI<sup>e</sup> DEGRÉ.

Pierre III d'Escorches, fils de Pierre II, sg<sup>r</sup> du Mesnil-S<sup>te</sup>-Croix et des Genettes, et de Marie du Pasty (1), fut tenu sur les fonds à la Lande par Charles de la Chaussée, le 25 février 1659 (2). Il n'avait que 15 ans quand nous le trouvons, en octobre 1674, sous-lieutenant de la compagnie de M<sup>r</sup> de Joncarot, dans le régiment de la Fresselière sous le nom de « chevalier de S<sup>te</sup>-Croix » (3). L'année suivante, il apparaît, sous le nom de « seigneur des Genettes », comme trésorier receveur et payeur de l'escadron de la noblesse du Perche, convoqué pour le service de l'arrière-ban (3). En 1692, il portait le nom de « seigneur du Mesnil-S<sup>te</sup>-Croix » (3), qu'il avait dû prendre à la mort de son père, arrivée en 1691, et habitait en 1698 le lieu seigneurial de la Mouchetière, en Boissi-Maugis, qui lui venait probablement de sa femme, Anne *de Samé* (4), qui figure avec lui dans un acte du 1<sup>er</sup> février 1711 (4).

Ils étaient morts l'un et l'autre en 1728, lors du mariage de leur fille, Marie-Catherine (5), et avaient eu pour enfants :

(1) Pierre III a été indiqué ci-dessus, p. 8, à l'article des enfants de Pierre II, comme auteur du rameau des seigneurs de Moulines; nous avons pu, grâce à des documents découverts depuis l'impression de la 1<sup>re</sup> feuille de cette généalogie, voir que si Pierre, sg<sup>r</sup> de Moulines, est fils de Pierre II, ce ne peut être que de son second mariage avec Louise Petitgas.

(2) Registres paroissiaux de la Lande.

(3) Voyez les pièces justificatives.

(4) De Samé, aliàs DE Samay, au Perche : *d'argent à trois tourteaux de sable.*

(5) Registres paroissiaux de Neuilly-sur-Eure.

1° HENRI, écr, « sr du Mesnil-Ste-Croix », qui figure comme parrain
    le 22 août 1709 ;

2° JACQUES-PIERRE, dont l'article suit ;

3° *Marie-Louise*, née vers 1697, mariée à mre Louis DE CHOURSES (1),
    chr, sgr de Piacé, Béchereau, Chaigné, etc., garde du corps du
    roi, dont elle eut trois fils et une fille, et dont elle était veuve
    douairière, au moment de sa mort arrivée à Beaumont-le-
    Vicomte, le 15 septembre 1757 ; son corps fut inhumé le sur-
    lendemain en l'église de Piacé, près son banc seigneurial,
    situé dans le chœur (2) ;

4° *Marie*, mariée aux Mesnus, le 2 mai 1728, huit jours avant sa
    sœur Marie-Catherine, à mre Hiérôme DE RÉCALDE, écr, sgr de
    Bois-gauthier, dont elle eut au moins une fille baptisée à Beau-
    mont-le-Vicomte, le 22 janvier 1729 (2), et mariée à Mr de Rillay
    en Normandie (3) ;

5° *Marie-Catherine* « d'Escorches du Mesnil-Ste-Croix », née
    en 1703, épousa à Neuilly-sur-Eure, le 10 mai 1728, Charles
    CHARDON, dont elle eut des enfants et mourut à Neuilly, où
    elle fut enterrée le 4 avril 1778 (4).

### *XVIIe DEGRÉ.*

JACQUES-PIERRE d'Escorches de Ste-Croix, figure comme
parrain, sous le nom de « sr du Mesnil » dans un acte du
28 octobre 1728 ; il s'établit en Bretagne et mourut à Guérande
après avoir épousé Catherine *Ferrand*, dont :

1° JACQUES d'Escorches, sous-commissaire de la marine ;

2° PIERRE-CHARLES d'Escorches ;

3° *Marie-Elisabeth* d'Escorches de Ste-Croix, mariée à Mr DE LA
    ROCHE-St-ANDRÉ, et mère de Charles-Jacques de la Roche-
    St-André et de Marie-Louise de la Roche-St-André mariée à
    M. de la Rochefoucauld (5).

(1) DE CHOURSES, au Maine : *d'argent à 5 burelles de gueules.*

(2) Registres paroissiaux de Beaumont-le-Vicomte.

(3) Lettre d'un Mr H de la Rochefoucauld (petit-fils de Mlle de la Roche-
St-André, habitant au Puyrousseau, commune de la Garnache, par
Challans, Vendée), conservée au chartrier de Résenlieu et datée du
1er janvier 1844. (Liasse relative à la succession de Mr d'Escorches.)

(4) A la date de leur mariage, Marie et Marie-Catherine étaient orphe-
lines et se trouvaient chez les d'Escorches des Mesnus. Nous ne saurions
expliquer comment Marie, épouse de Mr de Récalde, est indiquée dans son
acte de mariage sous le nom de « Marie d'Escorches des Gastines, de la
psse de Beaumont-le-Vicomte ».

# BRANCHE DES GENETTES

## E. Rameau des seigneurs de Moulines et de la Rosaie

*XVI<sup>e</sup> DEGRÉ.*

PIERRE IV d'Escorches, sg<sup>r</sup> de Moulines et de la Rosaie, né en 1675 (1) [peut-être fils de Pierre II, sg<sup>r</sup> des Genettes, et de Louise Petitgas, sa 2<sup>e</sup> femme, ou plutôt d'Alexandre, s<sup>r</sup> de Moulines, fils aîné de Jean, s<sup>r</sup> de Moulines, et de Renée Crestot], était en 1720 : ch<sup>r</sup>, sg<sup>r</sup> de Moulines, la Rosaie, etc., conseiller du Roi, lieutenant général d'épée au bailliage du Perche, à Mortagne et remplissait les fonctions de trésorier du Trésor et Fabrique de S<sup>t</sup>-Jean de Mortagne (2). Il était encore conseiller du Roi et lieutenant général d'épée lorsqu'il mourut au Plantis, village de Glatigny, le 10 octobre 1745, âgé de 70 ans (3).

Il avait épousé Charlotte *de Chandebois* du Plantis (4), dont il eut quatre enfants :

1<sup>o</sup> PIERRE-NICOLAS, dont l'article suit;
2<sup>o</sup> GILLES-FRANÇOIS, éc<sup>r</sup>, vicaire au Plantis en 1746, curé des Etilleux de 1750 à 1786, année où il mourut, âgé de 72 ans, et fut inhumé le 6 mars dans le cimetière (5);
3<sup>o</sup> LOUIS-JACQUES, éc<sup>r</sup>, mort au Plantis, à 25 ans, le 15 mars 1746 (3);
4<sup>o</sup> *Marie*, qui épousa au Plantis, le 9 février 1737, son cousin André-Denys-René DE CHANDEBOIS (4), éc<sup>r</sup>, s<sup>r</sup> de la Haye, en présence de Pierre-Gilles de Bercher, ch<sup>r</sup>, sg<sup>r</sup> de Montchevrel, de S<sup>t</sup>-Germain-de-Martigny et des Erouars, oncle de la dite

---

(1) Nous avons dit ci-dessus, p. 8, que le 6<sup>e</sup> enfant de Pierre II, sg<sup>r</sup> du Mesnil-S<sup>te</sup>-Croix, et de Marie du Pasty, nommé aussi Pierre, et baptisé en 1659, était l'auteur de la branche de Moulines, mais cela ne peut être puisque nous savons qu'il avait 70 ans quand il mourut, en 1745, tandis qu'il aurait eu alors 86 ans s'il était né en 1659. Voyez la note 1 de la page 18.

(2) Voyez les pièces justificatives.

(3) Bull. de la Soc. Hist. de l'Orne, t. XII, p. 360.

(4) DE CHANDEBOIS, en Normandie : *de gueules à trois croissants d'argent, au chef cousu de gueules chargé d'un demi vol d'or accosté de deux membres de griffon adossés au même* (Magny).

(5) Chronologie des évêques, curés, etc., du diocèse de Chartres, par l'abbé Beauhaire, curé de Moriers; et reg. par. des Etilleux.

Marie (1). Marie était veuve et tutrice de ses enfants mineurs le 17 mars 1769 (2).

## XVIIe DEGRÉ.

PIERRE-NICOLAS d'Escorches, chr, sgr de la Rosaie, puis de Moulines, chevau-léger de la garde du roi en 1722 (3), se maria le 3 mai 1734, à Luigny, avec dlle Françoise le Lasseur (4), fille de feu Antoine le Lasseur, chr, sgr de Lombos, et de dame Marie du Grenier. Il en eut :

1o *Charlotte-Marie-Françoise*, baptisée au Plantis, le 8 janvier 1736, (filleule de Marie-Anne du Grenier, épouse de Louis-François de Foucher, écr, sr de la Faucherie de la paroisse de Luigny) (5), mariée aux Etilleux, le 13 octobre 1768, par François d'Escorches, son oncle, à Pierre-Denys-Antoine DE CHANDEBOIS (6), écr, avocat au Parlement de Normandie, procureur du roi en la juridiction du vicomté et police de la ville de Séez (7), puis « procureur du roi aux juridictions de la vicomté et police d'Essay, en 1768 » (2), fils d'André-Denys-René de Chandebois et de Marie d'Escorches (8);

2o CHARLES-RENÉ-PIERRE, baptisé au Plantis, le 13 février 1737 (filleul de René-Antoine le Lasseur, écr, sr du Lombauz, de la paroisse de St-Denys-des-Ifs), et mort le 15 du même mois (8).

*A ces deux descendants nous ajoutons, sans preuves certaines mais avec de simples probabilités, les deux suivants :*

3o CHARLES-FRANÇOIS d'Escorches de Moulines, mousquetaire de la Garde ordinaire du roi, marié à Margueritte *Dabon*, mentionné en 1782 à St-Antoine-de-Rochefort, dans un acte de baptême (9).

4o PIERRE-JEAN-BAPTISTE-ROBERT qui suit.

(1) Bull. de la Soc. hist. de l'Orne, t. XII, p. 361.

(2) Chartrier de M. de la Sicotière; inventaire des titres de Bellegarde.

(3) Arch. nat. MM. 812 (Preuves pour les Honneurs de la Cour), p. 303-306.

(4) LE LASSEUR, en Normandie et au Thimerais : *de gueules au chevron d'argent, accompagné de 3 coqs d'or*. (Généal. des Gouhier, par Lainé, p. 17, et Gr. Arm., ms. de 1696.)

(5) Registres paroissiaux des Etilleux.

(6) DE CHANDEBOIS, en Normandie : voy. ci-contre, p. 20, note 4.

(7) « P.-D.-A. de Chandebois fut administrateur du département de « l'Orne pendant la Révolution et ce fut à son domicile, à Séez, que, « le 15 mai 1791, se réunirent ses collègues pour procéder à l'installation « du citoyen Lefessier, curé de Bérus, élu évêque constitutionnel de Séez. « Par arrêté du 6 prairial an X, de Chandebois fut nommé maire de Séez « en remplacement dudit Lefessier. » (Bull. de la Soc. arch. de l'Orne. I. XII. Bull. III, p. 362.

(8) Bull. de la Soc. hist. de l'Orne, t. XII, p. 361.

(9) Registres paroissiaux de St-Antoine-de-Rochefort.

### XVIIIe DEGRÉ.

PIERRE-JEAN-BAPTISTE-ROBERT d'Escorches de Moulines, éc^r^, épousa dame Jeanne *de Tiercelin* (1), dont il eut :

PIERRE-JEAN-BAPTISTE qui suit.

### XIXe DEGRÉ.

PIERRE-JEAN-BAPTISTE d'Escorches de Moulines, éc^r^, sg^r^ de la Manorière, officier du régiment de Béarn-Infanterie, marié à Coudray-au-Perche, le 27 février 1770, à d^lle^ Anne-Angélique *Durand de Pisieux* (2), fille de René-Ursin Durand, sg^r^ de Pisieux et Montgraham, ancien mousquetaire de Sa Majesté, et de défunte dame Magdeleine-Antonine des Feugerets (3), qu'il avait épousée en 1733.

Nous ignorons quel est ce « d'Escorches, ch^r^ de Moulines » mentionné comme « *pauvre* » avec sa sœur au rôle de la capitation de 1766-68 à Mortagne et comme tel imposé seulement à 2 livres (4).

## BRANCHE DE BOUTIGNY, DE RUMIEN, DE LOISÉ ET DU BOIS DES MESNUS

### A. Seigneurs de Boutigny, Rumien, la Hélière, le Boulay-Ste-Croix, la Tremblaye et Loisé.

### XVe DEGRÉ.

JEAN V d'Escorches, éc^r^, sg^r^ de Boutigny, fils de Jean IV, sg^r^ du Mesnil-Ste-Croix et de Boutigny, et de Charlotte Abot, était lieutenant d'une compagnie de gens de pied français entretenue pour le service du roy en Italie, et âgé de 20 ans lorsqu'il fut émancipé, le 6 mars 1638. Par acte passé à Argentan, le 15 avril

(1) TIERCELIN, au Maine et au Perche : *d'argent à deux tierces d'azur mises en sautoir, accompagnées de 4 merlettes de sable.*

(2) DURAND DE PIZIEUX, au Maine et au Perche, porte : *d'or à une flèche renversée en pal de sable, accolée d'un serpent de même à la tête contournée.*

(3) Registres paroissiaux de Coudray-au-Perche.

(4) Etat de la Généralité d'Alençon, par L. Duval, p. 353.

suivant, il donnait décharge de sa tutelle à son cousin Robert, ch[r], sg[r] de Ste-Croix et d'Ouilli, moyennant la somme de 250 l. (1).

Le 27 mars 1642, il passa contrat de mariage devant Malassis, notaire à Brezolles, avec d[lle] Elisabeth *de la Chaussée* (2), fille de Charles, éc[r], s[r] de la Lucasière, et de Suzanne Guiller (3). Il demeurait en la paroisse de Marchainville en 1667 (4). Elisabeth mourut avant le 24 décembre 1674, laissant à son mari trois fils, dont l'un encore mineur.

> 1° FRANÇOIS qui va suivre;
>
> 2° HENRI-PIERRE, baptisé à la Lande, le 4 avril 1647, servant dans le régiment royal en 1667 (5);
>
> 3° JEAN-GILLES, auteur du rameau du Bois-des-Mesnus qui suivra.

### XVI<sup>e</sup> DEGRÉ.

FRANÇOIS d'Escorches, éc[r], s[r] de Boutigny et de Rumien, ondoyé à la Lande, le 7 mai 1643, et solennellement baptisé le 17 janvier 1645, filleul de François de Courseulles et de Marie du Pasty (5), garde du corps du roi en 1667, épousa, par contrat passé devant Darragon, notaire à Moutiers, le 12 octobre 1668, Anne-Charlotte *de l'Erable* (aliàs *l'Hérable*), fille de Joachim, ch[r], s[r] de Fausserville, et de Françoise (aliàs Marie) Le Maire (6). Il en eut quatre enfants :

> 1° (GILLES-) FRANÇOIS, tenu sur les fonts, aux Mesnus, le 3 mai 1670, par Alexandre Fouteau et Anne de Ste-Claire (7), éc[r], s[r] du Boulay-S[te]-Croix, et de Rumien, fut pupille de Gilles d'Escorches, s[r] de Boutigny, son oncle; il épousa aux Mesnus, le 29 avril 1687, d[lle] Françoise *de St-Denys* (4), laquelle fut inhumée en l'église des Mesnus, le 26 août 1694, à 32 ans (8), ne laissant à François aucune postérité;
>
> 2° *Anne-Jeanne*, baptisée aux Mesnus, le 15 janvier 1672, eut pour parrain et marraine : Jean d'Escorches, de la paroisse de

(1) B. N. Cab. des titres. Nouv. d'Hozier, pièce 9. Analyse.

(2) DE LA CHAUSSÉE, au Thimerais : *d'azur à trois losanges d'argent, 2 et 1, au chef de sable chargé d'un lion passant d'argent;* aliàs : *de sable au lion léopardé de gueules en chef, à 3 losanges d'argent en pointe.* (Recherche de 1666.)

(3) Contrat passé devant Malassis, tabellion en la châtellenie de Brezolles, analysé dans la maintenue du 12 avril 1667. (B. N. Cab. des titres. Nouv. d'Hozier; dossier d'Escorches, pièce 9.)

(4) Maintenue de 1667.

(5) Registres paroissiaux de la Lande-sur-Eure.

(6) Après contrat passé le même jour devant Bernard Darragon, notaire à Moutiers. (Collection de M. l'abbé Gaulier; preuves de 1782; analyse.)

(7) Registres paroissiaux des Mesnus.

(8) DE St-DENYS, en Normandie : *de gueules, fretté d'argent, au lion passant d'argent en chef.* (Recherche de 1667.)

Marchainville, et Suzanne de la Chaussée, de St-Maixme-en-
Thimerais; elle fut inhumée le 25 du même mois (1);

3° GILLES, qui suit;

4° (CHARLES-) GABRIEL, baptisé aux Mesnus, le 29 septembre 1675,
(filleul de Charles d'Escorches, sr des Tesnières, et de Marguerite Coupé) (1), sr de Longeri, capitaine d'infanterie dans le
régiment de Foix, fut tué au siège de Lille.

François d'Escorches, sr de Boutigny et de Rumien, époux de
Charlotte de l'Erable, mourut aux Mesnus à 32 ans, le 2 janvier 1676, « ayant reçu dans sa maladie les sacrements et donné
« des marques d'une grande piété »; il fut inhumé le lendemain
en l'église des Mesnus (1). Remarquons en passant que lui seul
prit, comme aîné, le nom de « sr de Boutigny et de Rumien »,
son cadet, Jean-Gilles, n'ayant jamais porté que celui de « sr de
Boutigny ». Tous les deux avaient hérité, en effet, des terres
normandes de Boutigny, par leur grand-oncle Claude, mais
François avait eu par droit d'aînesse les terres de la Lande,
dont Rumien faisait partie.

## XVIIᵉ DEGRÉ.

GILLES d'Escorches, écr, sgr de Rumien, baptisé aux Mesnus
le 1ᵉʳ janvier 1674, eut pour parrain et marraine Gilles d'Escorches,
écr, et Jeanne de la Court, épouse de Anthoine Chalopin, écr, sr
de la Galopinière (1). Il épousa à Bisou, le 18 février 1710 (contrat
de mariage déposé le même jour devant Chevalier, notaire à
Regmalart, mais arrêté le 24 janvier précédent), dlle Marie
(-Françoise) *Blanchoin* (2), fille de feu Robert (-Joseph), écr, sr de
la Hélière, et de dame Françoise du Grenier, de la paroisse de
Bisou, demeurant alors en celle de N.-D. de Mortagne, où les
Blanchoin occupaient dans la magistrature une situation assez
importante.

Gilles mourut à l'âge de 59 ans et fut inhumé en l'église des
Mesnus le 17 février 1733 (1), sa veuve fut inhumée aux Mesnus,
le 12 janvier 1741, en présence des Frères de la Charité de
Senonches, de Gilles-François et de Claude-François, ses fils, et
de Robert-Joseph de Blanchoin, sr de la Hilière, son frère, de la
paroisse de St-Jean de Mortagne (1). Elle avait eu dix enfants:

1° *Marie-Jeanne*, baptisée aux Mesnus, le 17 mai 1711, décédée
quinze jours après à Manou, où elle était en nourrice (3), avait

(1) Registres paroissiaux des Mesnus.
(2) BLANCHOIN, au Perche: *d'argent à la fasce de gueules chargée d'un
trèfle d'or.* (Gr. Arm. de 1696.)
(3) Registres paroissiaux de Manou.

eu pour parrain Gilles Fousteau, avocat au parlement et procureur du roi en l'élection et grenier à sel de Mortagne et pour marraine dlle Elisabeth-Jeanne de Blanchoin (1);

2o GILLES-ROBERT, tenu sur les fonts aux Mesnus, le 24 mai 1712, par Robert Blanchoin, écr, sr de la Hilière, capitaine au régiment de Foix, et par Marie de Girard, fille de François, écr, sr de Marcouville, et de Marie d'Escorches (1). Il mourut à 29 ans sans alliance connue et fut inhumé en l'église des Mesnus, le 8 janvier 1741, en présence des Charités de la Loupe et de Senonches (1);

3o GILLES-FRANÇOIS, né le 5 mai 1714, chr, sgr du Boulay, tenu sur les fonts aux Mesnus, le 5 mai 1714, par Claude-François Blanchoin, écr, sr de la Hélière, et dlle Marguerite-Charlotte Blanchoin de la Hélière, l'un et l'autre de la paroisse de Bisou (1); décédé à St-Eliph, le 25 août 1787 (2);

4o *Marie-Thérèse* eut pour parrain et marraine aux Mesnus, le 5 octobre 1716 : Alexandre du Tertre, de la paroisse de Loisé, et dlle Marie-Jeanne Fouteau, fille de Gilles F. de Bommard, procureur du roi en l'Election de Mortagne (1);

5o *Marie-Louise* eut pour parrain et marraine, aux Mesnus, le 8 juin 1718 : Pierre-Alexandre d'Escorches de Boutigny et Louise de Colas de Cintré de Guéhouville (1); en 1749, elle demeurait au Petit-Boulay, en Mesnus; elle mourut sans avoir été mariée, en 1792, au village de la Coignardière, paroisse des Mesnus, et, nous dit l'acte, « sans aucun signe ou indice « de mort violente ni autre circonstance qui puisse nous « donner lieu de soupçonner »;

6o DENYS-FRANÇOIS, baptisé aux Mesnus, le 13 décembre 1709, eu pour parrain et marraine : Denys l'Ecuyer, écr, sr de la Papotière, et Renée-Madeleine Fouteau de Bommard (1);

7o CHARLES, tenu sur les fonts aux Mesnus, le 27 octobre 1721, par Charles-Robert de Vedeau des Ressuintes et Marie-Antoinette Fouteau de Bommard (1);

8o CLAUDE-FRANÇOIS, dont l'article suit;

9o RODOLPHE, écr, sr de la Moisière (1769-1780) et de la Hélière ou de la Hilière (1785), né le 16 juillet 1726, eut le lendemain pour parrain et marraine, aux Mesnus, Rodolphe Fouteau, capitaine au régiment de Foix, de la ville de Mortagne, et dlle Fouteau, épouse de Mr de la Hélière, en Bisou (1); lieutenant au régiment de la Marche, il fut réformé en 1748; il épousa à Monceaux, le 22 septembre 1767 (contrat passé devant Regnard, notaire à Regmalart, le 12 septembre précédent), Jeanne-Henriette *le Bouleur* (3), fille majeure de feu Nicolas le Bouleur,

(1) Registres paroissiaux des Mesnus.

(2) Registres paroissiaux de St-Eliph.

(3) LE BOULEUR, en Normandie et au Perche : *d'azur au chevron d'argent, accompagné de trois boulets suspendus à trois chaines d'or.* (Recherches de 1667.)

ch$^r$, sg$^r$ du Guay, et de Henriette-d'Epinay-S$^t$-Luc, d'où sortirent :

1" *Jeanne-Henriette-Françoise*, baptisée à Bisou, le 24 septembre 1768, filleule de Gilles-François d'Escorches, éc$^r$, sg$^r$ du Boulay, et d'Henriette d'Epinay, veuve de Nicolas le Bouleur, éc$^r$, s$^r$ du Guay (1);

2" GILLES-FRANÇOIS-CYPRIEN « d'Escorches de S$^{te}$-Croix », baptisé à Bisou, le 26 septembre 1769, filleul de François-Claude de l'Etang et de Marie-Louise d'Escorches, fille de Gilles (1);

3" JEAN-MARIE-FRANÇOIS, « ch$^r$ d'Escorches », baptisé à Bisou, le 14 septembre 1773, filleul de François de Guillebert, éc$^r$, s$^r$ du Landey, et de Marguerite Baril, épouse de Claude-François d'Escorches, s$^r$ de Loisé (1), mourut à l'école de Tiron, le 24 juin 1785 (2);

4" *Françoise*.

Rodolphe mourut, âgé de 62 ans, en 1788, à Bisou (1), où il résidait à la Moisière, héritage maternel des Blanchoin de la Hélière, et Henriette le Bouleur y décéda le 22 juillet 1813; à son inhumation assistait son neveu Marie-François dont nous parlerons ci-après;

10° *Anne-Charlotte*, baptisée aux Mesnus, le 18 juin 1728, filleule de Claude-François d'Escorches (remplacé à cause de son âge par Gilles-Robert d'Escorches) et Marie-Françoise d'Escorches; elle mourut et fut enterrée dans le cimetière le 8 juillet de la même année (4).

Gilles et ses enfants sont les derniers membres de la famille d'Escorches qui aient habité aux Mesnus, où leur maison paternelle du Bois-des-Mesnus, et les terres qui l'entouraient, furent confisquées par la Révolution Probablement quelques membres de la famille furent néanmoins autorisées plus tard à y habiter, puisque nous verrons que Gilles-Charles-François, 13$^e$ enfant de Pierre-Alexandre, y mourut en 1799.

Nous remarquerons ici que malgré leur antique noblesse et ses prétendus privilèges, malgré les services rendus par eux à la patrie, les d'Escorches qui résidèrent dans cette paroisse semblent fort peu favorisés de la fortune et que ceux qui eurent plus d'enfants appelés à partager les héritages paternels et maternels tombèrent presque dans la misère. En effet, au rôle de la capitation pour 1766 et 68, le s$^r$ d'Escorches de Boutigny figure seulement pour 10 l. et le s$^r$ d'Escorches de Rumien pour 8 l., et nous savons qu'en 1791 Pierre-François n'était porté aux Mesnus que pour 650 l. de revenu et Marie-Louise seulement pour 283 l.

(1) Registres paroissiaux de Bisou.
(2) Registres de l'abbaye de Tiron.
(3) Registres paroissiaux des Mesnus.

Les d'Escorches de Loisé dont nous allons parler n'étaient guère plus riches, et il faut croire que c'est par son mariage que Claude avait acquis une aisance plus grande puisqu'il figure pour 16 l. au rôle de la capitation de 1765 à Mortagne, chiffre qui se trouve être supérieur à la majorité des nobles inscrits au rôle (1). Mais nous voyons inscrits à côté de Claude, le sr d'Escorches, chr des Moulines, et la dame sa sœur « pauvres » : 2 l. Nous avons parlé d'eux à leur article (voir : Moulines).

### XVIIIᵉ DEGRÉ.

CLAUDE (-FRANÇOIS) d'Escorches, chr, sgr de Loisé, avait été baptisé aux Mesnus, le 26 avril 1723 (filleul de Claude Blanchoin, chapelain de la chapelle de Voré, en Regmalart, lequel fit le baptême, et de Marthe de Vedeau, fille de Jean-Robert de Vedeau de Grandmont, écr, sgr des Ressuintes (2).

Le 19 juin 1750, il était capitaine d'infanterie au régiment de la Marche-Province, alors en garnison à Verdun, et dans lequel il servit plus de 20 ans ; le 20 août 1763, il était encore capitaine du même régiment et chr de St-Louis (3) ; enfin il est indiqué comme *ancien capitaine* dans son contrat de mariage conclu, le 28 novembre 1764, avec Marguerite *Baril* (4), dlle, dame de Loisé, fille de feu Pierre B..., écr, sgr de Loisé, capitaine d'infanterie au régiment d'Hersan, et de noble Marguerite le Bouyer de St-Gervais. Il perdit sa femme en 1781 et continua à habiter Loisé ; il obtint, le 3 janvier 1786, de Louis, cte de Provence et du Perche, sgr haut justicier de Loisé, moyennant une redevance annuelle de 30 l., la concession des droits honorifiques de cette paroisse pour lui et pour son fils, ce qui lui permettait de faire placer un banc dans le chœur.

Il se vit confisquer, en 1794, à cause de l'émigration de son fils, les propriétés foncières qu'il possédait aux Mesnus ; mais il put sauver, grâce à une clause de son contrat de mariage, les biens de son fils sis à Loisé et dont il avait l'usufruit. Il mourut avant la Restauration, laissant un fils unique :

### XIXᵉ DEGRÉ.

(MARIE-) FRANÇOIS d'Escorches, né le 29 mai 1769, recevait de d'Hozier, le 18 février 1783, un certificat constatant qu'il avait la noblesse nécessaire pour être reçu Page de la Chambre ; il servit

---

(1) Etat de la généralité d'Alençon, publ. par L. Duval, p. 353 et 355.
(2) Registres paroissiaux des Mesnus.
(3) Arch. de l'Orne. Série E ; dossier d'Escorches.
(4) BARIL, au Perche : *de sable à la croix ancrée d'argent.* (Arm. 1696.)

ensuite dans le régiment d'Artois. Quand éclata la Révolution, il émigra, servit comme officier de cavalerie et par sa vaillante conduite mérita la croix de S<sup>t</sup>-Louis.

Le 19 janvier 1814, il épousait à N.-D. de Mortagne (1) (contrat passé devant Bail, notaire à Mortagne, le 7 janvier 1814), d<sup>lle</sup> Marie-Louise-Gabrielle (dite Lise), *Bonnet de Bellou* (2), veuve sans enfants de René-Jacques de Fontenay, ancien capitaine de dragons, ch<sup>r</sup> de S<sup>t</sup>-Louis, sg<sup>r</sup> des Guilllets, etc., et née le 1<sup>er</sup> juin 1771 de feu m<sup>re</sup> Louis-François-Joseph Bonnet, sg<sup>r</sup> de Bellou-le-Trichart, Gevraise, Préval, la Matrassière, la Marche, etc., ancien officier de marine, ch<sup>r</sup> de S<sup>t</sup>-Louis, et de Marie-Catherine de Fontenay. Son mariage civil avait été passé à Mortagne, le 8 janvier précédent, en présence de Charles-Malo Saraude de la Charpentrie, maire de Théval, cousin de l'épouse de M<sup>r</sup> Jean-Louis Guéroult, cousin de l'époux, témoins, et de dame Marie-Catherine de Fontenay (3).

M<sup>me</sup> d'Escorches, d'un esprit cultivé et fort bien douée pour les arts (4), avait été instituée héritière universelle par M<sup>r</sup> de Fontenay, son premier mari, et avait recueilli la succession de son père, aussi jouissait-elle d'une assez grande aisance, chose rare à cette triste époque; M<sup>r</sup> d'Escorches, au contraire, n'avait lors de son mariage aucune fortune mobilière et ses apports ne s'élevaient pas à plus de 3,000 fr., mais il possédait divers immeubles qui furent vendus pendant la durée de son mariage : la terre de Loisé pour 32,000 fr.; la ferme de la Moisière, 36,000 fr.; une maison à Longny, 2,500 fr.

Sa vie tranquille, partagée entre les devoirs de l'affection et ceux de la charité, s'écoula dès lors aux Guillets; il y mourut sans postérité, le 12 décembre 1836, laissant la réputation d'un saint; J.-F. Pitard, dont le témoignage n'est pas suspect, dit à son sujet : « Son nom est vénéré de tous ceux qui l'ont connu : « c'était le père des pauvres » (5).

Sa succession ne se montait qu'à la somme de 23,592 fr. 50 en capital (6). Elle n'en fut pas moins longuement disputée, au moins pour la moitié dévolue à la ligne maternelle.

(1) Registres paroissiaux de N.-D. de Mortagne.
(2) BONNET DE BELLOU, en Normandie et au Perche : *d'argent à la fasce de gueules, chargée de trois besans d'or et accompagnée de 3 bonnets d'azur, 2 et 1.* (Recherche de 1667.)
(3) Registres de l'état civil de Mortagne.
(4) On conserve d'elle, au château des Guillets, deux charmants pastels qui sont, l'un son propre portrait, l'autre celui de sa sœur Bonne, mariée à M. des Perriers de Fresnes.
(5) *Fragments historiques sur le Perche*, art. Courgeoust, p. 164.
(6) Liquidation de la communauté entre M. et M<sup>me</sup> d'Escorches et de la succession de celui-ci, devant M<sup>e</sup> Bail, notaire à Mortagne, le 6 mars 1837.

Un acte de notoriété, dressé devant M<sup>e</sup> Bail, notaire à Mortagne, le 6 mars 1837 (1), et où sont comparus Achille-Pierre c<sup>te</sup> de Vanssay, ch<sup>r</sup> de S<sup>t</sup>-Louis, demeurant en son château de la Forgeterie; M<sup>r</sup> Paul-Alexandre de Launay de Cohardon, demeurant à Mortagne; M<sup>r</sup> Chardon et M<sup>r</sup> Lamy, demeurant également à Mortagne, nous apprend que M<sup>r</sup> d'Escorches avait laissé pour héritiers : dans la ligne maternelle : M<sup>r</sup> Marie-Pierre-Louis Guérout de Freuville, ch<sup>r</sup> de S<sup>t</sup>-Louis, demeurant au château de la Couetterie, en Beaumont-Pied-de-Bœuf, où il est décédé le 22 décembre 1836, son cousin-germain, fils de Gilles-Louis-René et de M<sup>me</sup> Marie-Madeleine Baril, sœur germaine de M<sup>me</sup> d'Escorches mère, et que, dans la ligne paternelle, il ne se connaissait pas de parents plus rapprochés que : 1° M<sup>r</sup> Robert-Jean-Antoine-Omer d'Escorches, m<sup>is</sup> de S<sup>te</sup>-Croix, demeurant au château de S<sup>te</sup>-Croix, et 2° M<sup>me</sup> Cécile-Augustine-Euphémie d'Escorches de S<sup>te</sup>-Croix, épouse de M<sup>r</sup> John de Montagu-Humphrys, demeurant au château d'Osmond, en Aubry-le-Panthou, ses cousins au 12<sup>e</sup> degré qu'il considérait comme ses héritiers paternels.

Ces deux derniers se crurent donc héritiers de la ligne paternelle et en payèrent les droits de succession, mais on s'aperçut bientôt que la branche des Genettes était encore représentée par *M<sup>me</sup> de Vitray*, née d'Orbigny, issue de Robert II (voyez page 10 et les Additions), puis dans le rameau du Mesnil-S<sup>te</sup>-Croix, par *M<sup>r</sup> de la Roche S<sup>t</sup>-André* et son neveu, M<sup>r</sup> de la Rochefoucauld, et dans le rameau de la Trinité par *Emilie d'Escorches,* mariée au s<sup>r</sup> Vallée.

Mais pour trouver l'auteur commun, il fallait remonter à Jacques, sg<sup>r</sup> de S<sup>te</sup>-Croix, mort en 1605, pour le m<sup>is</sup> de S<sup>te</sup>-Croix et sa sœur, ou à son fils Jean IV pour M<sup>r</sup> de la Roche-S<sup>t</sup>-André, M<sup>me</sup> de Vitray et Emilie d'Escorches; il se présenta enfin des parents plus rapprochés en la personne de MM. Clouet d'Orval, seuls représentants connus de la branche de Boutigny, à laquelle appartenait le *de cujus,* et issus comme lui de Jean V, sg<sup>r</sup> de Boutigny, et d'Elisabeth de la Chaussée. Ils héritèrent enfin, par jugement du 3 août 1849, plus de douze ans après la mort de M<sup>r</sup> d'Escorches, dont la veuve était morte le 15 avril 1849.

(1) Minutes de M<sup>e</sup> Delorme, notaire à Mortagne.

# BRANCHE DE BOUTIGNY

## B. Rameau des seigneurs du Bois des Mesnus et du Boulay.

### XVI<sup>e</sup> DEGRÉ.

(JEAN-) GILLES d'Escorches, éc<sup>r</sup> fils de Jean V, sg<sup>r</sup> de Boutigny et d'Elisabeth de la Chaussée, était âgé de 11 ans quand il fut placé, par sentence rendue en la châtellenie de Marchainville, le 24 décembre 1674, sous la tutelle de son frère aîné François (1). Il portait le nom de sg<sup>r</sup> de Boutigny le 18 juillet 1684, date de son contrat de mariage avec d<sup>lle</sup> Françoise *de Gastel* (2), fille de feus François, éc<sup>r</sup>, s<sup>r</sup> de l'Etang et de d<sup>lle</sup> Marguerite de S<sup>t</sup>-Denys (3) demeurant aux Mesnus ; nous voyons par cet acte que la fortune des futurs était bien modeste : le douaire était de 200 livres ; Jean-Gilles apportait à la communauté pour 1192 l. de meubles et la future pour 1332 l. de meubles tant morts que vifs et une créance de 400 l. Françoise de Gastel mourut aux Mesnus âgée de 45 ans, « après avoir reçu tous les sacrements nécessaires à son salut, » et fut inhumée en l'église de céans, le 22 février 1703. Elle avait donné à son mari, outre deux enfants morts en bas âge, quatre fils et une fille, dont trois encore mineurs et dont la garde noble lui fut confiée par sentence rendue au siège de la châtellenie de Moutiers, le jour même de l'enterrement de sa femme (1).

Moins de trois mois après la mort de sa première femme, Gilles, portant la qualification d' « homme de loy », se remaria le 10 mars 1703, à Charlotte *de Belleau* (5) fille de feus François éc<sup>r</sup>, s<sup>r</sup> de Petiteville, au diocèse d'Evreux et Zélie-Françoise le Lasseur. Il n'en eut pas d'enfants. Il mourut le 4 avril 1719 (6), ayant eu de son premier mariage :

(1) B. N. Cab. des Titres, Nouv. d'Hozier ; maintenue du 12 avril 1667.
(2) DE GASTEL, au Perche et au Thimerais : *d'argent à deux chevrons de gueules accompagnés de trois molettes d'éperons de sable 2 et 1* (Recherche de 1667).
(3) Françoise de S<sup>t</sup>-Denys, cousine-germaine de Françoise de Gastel, avait épousé, comme nous l'avons vu, François d'Escorches, s<sup>r</sup> du Boulay cousin-germain de Jean-Gilles.
(4) DE BELLEAU, en Normandie : *d'argent à deux fasces d'azur accompagnées de 5 mouchetures d'hermines, 4 en chef et 1 en pointe* (la Chenaie-Desbois). Aliàs : *d'hermines à deux fasces d'azur* (Recherche de 1667).
(5) Registres paroissiaux de Digny.
(6) Registres paroissiaux des Mesnus.

1º *Elisabeth*, baptisée aux Mesnus le 9 juillet 1788 et morte le 10 janvier 1791 (1) ;

2º FRANÇOIS, né aux Mesnus le 20 décembre 1689, inhumé en l'église des Mesnus, le 15 octobre 1699 (1) ;

3º PIERRE-ALEXANDRE qui suit ;

4º FRANÇOIS-MAURICE ou Maurice-François, baptisé aux Mesnus le 28 septembre 1686, épousa à Moutiers, au château de Guilbaut, Renée-Marguerite *de Moucheron* (2). Il habitait Moutiers (probablement à Guibaut), en 1718, puis alla résider à la Puisaye où naquirent :

  1" MAURICE-FRANÇOIS, baptisé à la Puisaye le 1er août 1723, ayant pour parrain et marraine, Robert de Magny, écr, sr de la Motte, et dlle Elisabeth de Brossard, fille de Thomas et de noble dame le Heup (3) ;

  2" *Marguerite-Françoise*, mariée le 22 août 1759 à Jean-René-Alexandre LE BAUDOT (4) son cousin-germain né le le 4 juillet 1737.

5º CHARLES-THOMAS, écr, baptisé aux Mesnus le 11 mars 1691, mort aux Mesnus, sans alliance connue, le 6 mai 1733 (1) ;

6º RENÉ-GILLES, baptisé aux Mesnus le 11 mars 1691, le même jour que Charles-Thomas, dont il était certainement jumeau puisque l'enfant précédent était né le 20 décembre 1689 ; René-Gilles mourut le 30 avril suivant (1).

## XVIIe DEGRÉ.

PIERRE-ALEXANDRE d'Escorches, écr, sgr de Boutigny, était en 1709 capitaine au régt de Foix, lors de son 1er mariage dont les bans furent publiés aux Mesnus les 2, 9 et 16 février 1709 et qui fut célébré au même endroit le 17 du même mois avec (Catherine-) Elisabeth *de Belleau* (5), fille majeure de feu Philippe de Belleau, écr, sgr de Petiteville, au vicomté de Verneuil et de dame Marie de Ponville ; Elisabeth était nièce de Charlotte de Belleau, belle-mère de Pierre-Alexandre ; les articles de ce mariage accordés sous seings privés le 6 février 1709 furent inscrits en 1710 devant

(1) Registres paroissiaux des Mesnus.

(2) DE MOUCHERON, au Thimerais et au Perche : *d'argent à la fleur de lys d'azur faillie par le milieu et détachée de toutes parts.*

(3) Registres paroissiaux de la Puisaye.

(4) Note faisant partie de la collection de Mr l'abbé Gaulier, curé de Marmouillé.

(4) DE BAUDOT, en Normandie : *de sable au chevron d'or accompagné de trois molettes d'éperon du même* ou : *d'azur à l'aigle au vol abaissé d'argent, surmontée à dextre d'un soleil du même et à senestre d'une épée d'or, la pointe en bas.*

(5) DE BELLEAU, voyez ci-contre, page 30, note 4.

Chardon tabellion de la châtellenie de Moutiers pour la branche des Menus (1).

Quatre enfants naquirent de ce mariage dont les deux premiers moururent le jour de leur naissance.

1º Anonyme, ondoyé par des Granges, chirurgien, en présence de Gilles sr de Boutigny son aïeul, et inhumé peu après sa naissance, le 6 novembre 1710 (2) ;

2º Anonyme, inhumé en l'église des Mesnus le 21 octobre 1712 après avoir été ondoyé par le sr de Boutigny son grand-père (2) ;

3º *Elisabeth-Françoise* baptisée aux Mesnus le 2 juin 1713, eut pour parrain, Gilles d'Escorches, sr de Boutigny, et pour marraine, Marguerite Daragon épouse de Jean-Baptiste-Antoine de Gastel, écr, sr de l'Etang, de la paroisse de Manou (2) ; le 1er décembre 1732, elle épousa dans l'église de Petiteville au diocèse d'Evreux, Guillaume-Charles GOUHIER, écr, sgr et patron de Petiteville et des Champeaux (3), né en 1700, de Charles, sr du Chesnay et d'Ambroise le Lasseur, et l'un des 200 chevau-légers de la garde du Roi ; elle apporta à son mari la seigneurie de Petiteville qui lui venait de Philippe de Belleau son aïeul et devint veuve le 9 juin 1774, elle vivait encore le 7 juin 1779 et avait eu entre autres enfants, Charles-Guillaume, Gouhier des Champeaux, chr, sgr de Petiteville, bisayeul de M. le comte de Charencey, conseiller général du canton de Tourouvre (4) ;

4º *Jeanne-Charlotte*, tenue sur les fonts aux Mesnus, le 23 juin 1714, par Jean-Baptiste-Antoine de Gastel, sr de l'Etang en Manou, et Charlotte de Belleau, épouse de M. de Boutigny (2), décédée le 19 août suivant (2).

Un mois après la naissance de Jeanne-Charlotte sa mère mourut et fut inhumée aux Mesnus (12 juillet 1714) (2).

Pierre-Alexandre se remaria avec Marie-Anne *du Housset.*

Il en eut :

5º PIERRE-ALEXANDRE II, desservant la cure de Favières (2) ; baptisé aux Mesnus le 1er mars 1718 par Mr Noël-Gaspard-Baptiste de Gastel, prêtre, bachelier en droit civil et canon, et tenu sur les fonds par François-Maurice d'Escorches de Ste-Croix de la prse de Moutiers et Marie-Françoise de Blanchoin ;

6º *Marie-Anne*, tenue sur les fonds aux Mesnus le 2 avril 1719 par A. Guyon, mercier à Chartres et par Louise Theuvy, épouse de Mre Gilles Sans-Avoir, écr, sgr de Rignac de la psse et ville de Châteauneuf en Thimerais. Elle mourut le 5 septembre 1721 (5)

(1) Note appartenant à Mr l'abbé Gaulier.
(2) Registres paroissiaux des Mesnus.
(3) GOUHIER, comme à la p. 5 ci-dessus.
(4) Généalogie de la famille Gouhier publiée par Laîné, p. 17 à 20.
(5) Registre paroissiaux du Favril.

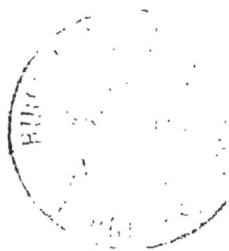

MARIE-LOUISE-GABRIELLE BONNET DE BELLOU

Mariée : 1° à Rere-Jacques de Fontenay
et 2° à Marie-François d'Escorches.

*D'après un pastel conservé au château des Guillets.*

7° *Catherine-Madeleine*, « *d'Escorches de Torçay*, » baptisée le 20 juin 1720, aux Mesnus, filleule de Charles d'Escorches, écr, de cette paroisse et de Madeleine de Theuvy épouse de Me Colot, avt en parlmt au siège de Châteauneuf en Thimerais (1), épousa au Favril, le 2 août 1742, Pierre-Charles Clouet des Perruches (2), chr de St-Louis, capne de cavalerie, pensionnaire de Sa Majesté, brigadier des chevau-légers de la garde du Roy; résidant depuis au château de la Hallière, en Digny, fils du feu sr des Perruches et de Geneviève des Bonnes (3).

Catherine-Madeleine fut inhumée à Digny, le 20 mai 1768 (4), ayant eu, entre autres enfants, un fils nommé : Pierre-Alexandre-René, baptisé à Digny, le 23 avril 1762, et qui eut trois enfants : deux fils portant le nom de Clouet d'Orval et une fille mariée à Pierre-Jacques Gravelle-Desulis. Ce furent ces deux MM. d'Orval et la fille de Mme Gravelle-Desulis, alors défunte, qui, par jugement rendu le 3 août 1849, héritèrent de Marie-François d'Escorches, dernier représentant de la branche de Boutigny dont nous avons parlé plus haut.

8° *Louise*, baptisée le 4 juin 1721 et inhumée le lendemain en l'église des Mesnus (1) ;

9° *Françoise-Geneviève*, baptisée aux Mesnus le 25 avril 1722, eut pour parrain et marraine, François de Gastel, sr des Aulnaies aux Ressuintes et Françoise-Geneviève de Gastel, de l'Etang au Manou (1) ; elle épousa, avant le 17 novembre 1746 (5), Mathias de Fayel de Florigny (6), sr du Breuil, puis après la mort de celui-ci, vint se retirer chez son frère Pierre-François dans la terre patrimoniale du Bois des Mesnus ; elle mourut le 27 juillet 1806.

10° Anonyme, ondoyé par le sr d'Escorches, le 1er avril 1724 et inhumé le même jour (1).

Le 4 may 1724, Marie-Anne du Housset était inhumée en l'église des Mesnus (1) et, le 7 mars 1725, Pierre-Alexandre se mariait pour la 3e fois, avec Françoise *Fourbet*, fille de Pierre et d'Elisabeth Fontaine domiciliés à Manou (7). Ce mariage semble avoir été regardé comme une mésalliance par la famille d'Escorches dont aucun membre ne parut à la célébration. Dix enfants sortirent de ce mariage :

(1) Registres paroissiaux des Mesnus.

(2) Clouet des Perruches, au Thimerais : *d'argent au bâton de sable cloué d'or* (Grd arml de 1696).

(3) Registres paroissiaux du Favril.

(4) Registres paroissiaux de Digny.

(5) Registres paroissiaux de St-Lubin de Cravant.

(6) Du Fayel ou de Fayel, en Normandie : *de gueules au chevron d'or accompagné de trois annelets du même* (Lach. Desbois).

(7) Registres paroissiaux de Manou.

11° PIERRE-FRANÇOIS, qui suit ;

12° FRANÇOIS-ROBERT. baptisé aux Mesnus le 30 juillet 1726, et inhumé le lendemain dans le cimetière, avait eu pour parrain et marraine, Robert Gerfaux, procᵣ fiscal de Manou et Renée-Marguerite de Moucheron épouse de Mᵣ de Sᵗᵉ-Croix de la Puisaye (1) ;

13° GILLES-CHARLES-FRANÇOIS, baptisé aux Mesnus le 29 septembre 1727, avait eu pour parrain et marraine, Charles-Thomas d'Escorches, son oncle, et Anne-Françoise Trochon de la Maillardière de la parˢᵉ Sᵗᵉ-Foy de Chartres (1).

Il décéda au Bois des Mesnus sans alliance connue, le 19 Pluviose an VII (2). Un passe-port à lui délivré le 2 Prairial an II, par la municipalité des Mesnus, nous apprend qu'il était boiteux et estropié et qu'il avait été détenu dans une maison d'arrêt par lettre de cachet « dans le temps d'esclavage » ;

14° ALEXANDRE-LOUIS-ROBERT, tenu sur les fonds aux Mesnus le 17 mars 1729, par Robert de Brossard, écᵣ, de Manou, et Louise-Angélique Choüen de la Motte, épouse de Mʳᵉ Huet, avocat du roy au bailliage de Châteauneuf (1); clerc tonsuré en 1748, moine de Bonneval et prieur de Sᵗ-Thomas de Châteauneuf en 1752 (3), chapelain de la Madeleine-Bouvet en 1753 (1), curé de la Ville aux Nonains en 1759, lors de l'enterrement de sa mère auquel il assista (1), chanoine de la cathédrale de Chartres en 1763, curé d'Yèvres à la Révolution, insermenté et incarcéré à la maison de réclusion des Jacobins de Chartres, d'où il fut transféré lui 40ᵉ à Rambouillet le 23 mars 1793, assista à la mort du curé des Mesnus, Gagnès, en 1806, et en rédigea lui-même l'acte d'inhumation ;

15° *Françoise-Louise*, baptisée aux Mesnus le 3 septembre 1731, ayant eu pour parrain, Jean Trochon, bourgeois de Chartres, et pour marraine, Louise-Gabrielle de Peruelle, de la Ferté-Vidame (1), mourut sans alliance au Bois des Mesnus, le 11 messidor an IV (2) ;

16° *Charlotte-Angélique,* baptisée le 14 septembre 1732 : (parrain, Charles Huet, aᵗ à Châteauneuf, marraine, Marie-Françoise Blanchoin, femme d'Escorches) (4), marraine en 1753 d'un fils de sa demi-sœur Catherine et de Ch. Clouet des Perruches (1);

17° *Marie-Madeleine-Rose*, baptisée aux Mesnus le 9 mai 1734 (1);

18° JEAN-BAPTISTE, baptisé aux Mesnus le 24 juin 1736, filleul de son frère Pierre-François et de sa sœur Catherine-Madeleine (1) ;

19° PIERRE-ALEXANDRE III, baptisé le 7 avril 1740, filleul de son frère Louis-Alexandre et de sa sœur Françoise-Geneviève (1), décédé le 14 du même mois ;

(1) Registres paroissiaux les Mesnus.
(2) Arch. communales des Mesnus. Etat civil.
(3) Chronol. des évêques, curés, etc., du diocèse de Chartres.
(4) Registres paroissiaux du Favril.

20° ALEXANDRE, baptisé au Favril, le 13 avril 1743, filleul de Mathias de Fayel, sʳ du Breuil et de Marie-Louise d'Escorches, fille de Gilles (1).

Françoise Fourbet fut inhumée aux Mesnus le 13 août 1759 et Pierre-Alexandre son époux, âgé de 85 ans, le 13 décembre 1767.

### XVIIIᵉ DEGRÉ.

PIERRE-FRANÇOIS d'Escorches de Boutigny, écʳ, sʳ du Boulay, eut pour parrain et marraine, aux Mesnus, le 24 août 1725, Maurice-François d'Escorches, écʳ, sʳ de Sᵗᵉ-Croix de la paroisse de la Puisaye et Anne Fourbet, femme de Robert Gerfaux, de Manou ; il était bachelier en droit lors de la mort de sa mère (1759) ; il se maria, le 14 juillet 1767, à Brezolles, avec Marie-Jeanne *Bance*, alias Bence, veuve de Nicolas Pinceloup, bourgeois de Nogent (2); sa femme étant morte, Pierre-François revint au Bois des Mesnus où il vivait en 1793 avec ses sœurs Françoise-Louise et Françoise-Geneviève et son frère Gilles-Charles-François. Le 19 floréal an II, il fut arrêté par la municipalité des Mesnus et conduit à Mortagne où il se lava des inculpations dont on l'avait chargé et fut relaxé. Nous ne savons où ni quand il mourut.

# BRANCHE DES SEIGNEURS
# DE SAINTE-CROIX DU MESNIL-GONFROY (4)

### XIVᵉ DEGRÉ.

FRANÇOIS II d'Escorches, chʳ, sgʳ de Sᵗᵉ-Croix et d'Aubry le Panthou (fils de Jacques et de Marie de la Vove), épousa par traité sous seings privés du 24 avril 1598, reconnu le 19 août 1601, dᵐˡᵉ Hélène *d'Assy* (3), dame d'Ouilly-le-Tesson et baronne de Conteville en partie, fille de feu Mʳᵉ Jacques d'A, chʳ de l'Ordre du roy, gentilhomme ordinaire de sa Chambre, guidon d'une vieille compagnie de 100 hommes d'armes sous la charge de Mʳ de la Meilleraye, sgʳ d'Ouilly et baron de Conteville, et de dame Marguerite de Morel. François II était mort en 1638 et Hélène d'Assy en 1622 ; il avait eu 6 enfants :

1° ROBERT, qui suit ;

(1) Registres paroissiaux du Favril.
(2) Registres paroissiaux de Brezolles.
(3) D'Assy, en Normandie : d'argent à la croix de sable chargée de 5 coquilles d'or et cantonnée de 12 merlettes du second émail.
(4) Nous trouvons dans le « Journal de Dangeau » les mentions suivantes : t. X, p. 293, « 2 avril 1705. — On a donné des commissions de mestre de camp à Mʳ de Sᵗᵉ-Croix, François, qui était capitaine de cavalerie dans le régiment de Scheldon qui est un régiment irlandois », et en note : Mʳ de Bedmar l'avoit recommandé au roi »; t. XVIII, p. 10, « 6 mars 1719 : de Sᵗᵉ-Croix, mestre de camp de cavalerie, nommé brigadier ». Mais comme il n'est fait nulle mention de ces grades importants dans la généalogie conservée au château de Résenlieu, nous pensons qu'il s'agit d'une autre famille possédant aussi une terre à Sᵗᵉ-Croix.

2º Dom CHARLES, était en 1622 religieux en l'abbaye de Ste-Barbe en Auge, prieur-curé de Tournebu en 1633 et encore vivant en 1650 ;

3º JEAN, sgr de Moulines et de Montalou, capitaine au régt de Canisy, épousa à Mortagne, le 4 août 1640, dlle Renée *Crestot*(1) qui était veuve de lui et élue le 11 mai 1644, tutrice de leurs enfants mineurs :

1" ALEXANDRE, écr, sgr de Moulines, peut-être père de Pierre IV, sr de Moulines, né en 1675, dont nous avons parlé ci-dessus, p. 20 ;

2" CHARLES-FRANÇOIS, écr, sgr de la Rosaie puis de Moulines, épousa, par contrat passé à Mortagne le 8 juillet 1689, dlle Françoise *de Chandebois* (2) fille de feu René, écr, sgr de la Haie, consr du roi, lieut en la maréchaussée du Perche et Châteauneuf en Thimerais et de dlle Charlotte Regnouard ; l'apport de la future consistait en 1.000 l. en argent, une rente de 50 l., tous les droits seigneuriaux de sa mère en la prse de Courceraut et un mobilier valant 300 l. (3). Il assista en 1692 avec sa femme à la lecture du contrat de mariage de Claude-François Martel des Chesnes avec Anne-Elisabeth d'Escorches.

4º *Marguerite*, religieuse au monastère de Ste-Claire d'Argentan, le 13 août 1626, et abbesse en 1661 ;

5º *Anne*, religieuse au même monastère, 1626 ;

6º *Françoise*, vivant non mariée en 1644.

## XVe DEGRÉ.

ROBERT Ier d'Escorches, chr, sgr et patron de Ste-Croix du Mesnil-Gonfroy, d'Ouilly, etc., l'un des gentilshommes à la suite de Gaston de France, duc d'Orléans, fut Gentilhomme Ordinaire de la Chambre de ce prince en 1644 et l'était encore en 1654.

Il épousa : 1º par contrat du 15 juillet 1626, dlle Léonore *Heurtaut*(4), de de la Houssaie et de la Penelière, fille unique de noble homme Pierre H., sr des Demaines et de la Penelière, Secrétaire du roi, et de dlle Madeleine de Beaumoncel ; et 2º par contrat du 1er août 1633, dlle Marie *Patrice*.

Du premier mariage naquirent :

1º ROBERT II, dont l'article suit ;

2º *Marie*, dame de la seigneurie d'Ouilly-le-Tesson (estimée 16,000 l.), se maria, par contrat du 25 août 1651, avec Charles DE LA RIVIÈRE (5), chr, sgr du Pré-d'Auge, capitaine d'une compagnie de gens d'armes dans les chevau-légers entretenus en Alle-

(1) Crestot, au Perche : d'azur au chevron d'or, accompagné en chef de deux étoiles et en pointe d'un lion surmonté d'une autre étoile, le tout d'or. (Gr. Arm. de 1696.)

(2) De Chandebois, en Normandie, voyez ci-dessus, p.   .

(3) Minutes de Me Delorme, notaire à Mortagne ; analyse communiquée par M. Joseph Besnard.

(4) Heurtaut, en Normandie : d'argent à la fasce d'azur chargée de 3 couronnes ducales d'or ; ou : d'azur à trois têtes d'aigles arrachées d'or.

(5) De la Rivière Pré-d'Auge, en Normandie et au Perche : de gueules à deux bars adossés en pal d'or, entravaillés dans deux fasces ondées d'argent.

magne pour le service du roy, fils unique de feu messire François de la Rivière, chr de l'Ordre du roy, sgr du Pré-d'Auge, Gentilhomme Ordinaire de la Chambre de S. M. et de dame Nicole de Pierre, dame des Hautes-Terres.

## XVIe DEGRÉ.

ROBERT II d'Escorches, chr, sgr et patron de Ste-Croix du Mesnil-Gonfroy, né en 1636, gentilhomme de la Chambre du duc d'Orléans par brevet du 27 mars 1654, se maria à la Ferrière-au-Doyen, le 30 juin 1667, avec Charlotte *Malart* (1), dame de la Ferrière, fille de Jacques et de Barbe Le Cornu.

Il mourut en 1701, laissant six enfants :

1o CHARLES (-ROBERT), sgr et patron de Ste-Croix du Mesnil-Gonfroy, la Ferrière, etc., marié le 4 août 1706 à Louise-Thérèse *de Courtoux* (2), fille de Marc-Antoine et d'Anne de Gennes, et mort en 1717 sans postérité;

2o JEAN, sgr de la Houssaye, mousquetaire de la 2e compagnie de la Garde du Roi en 1705, eut le bras cassé à Ramilies en 1706, mourut en 1707 à Nemours à la suite de Louis XIV sans postérité;

3o HENRI, dont l'article suit;

4o *Marie-Madeleine*, née en 1702, épousa Adrien GOUHIER, chr, sgr châtelain et patron de Fresnay-le-Samson, né en 1665 de Jacques et de Geneviève du Perrier (3); puis après la mort de son mari fit profession religieuse aux Clairets, le 1er janvier 1737, et y mourut le 18 avril 1753 (4);

5o *Renée-Marie-Anne*, mariée à son cousin Antoine D'ESCORCHES, patron des Genettes, le 22 février 1695, morte aux Genettes à 81 ans, le 22 juillet 1753. (Voir ci-dessus, p. 9);

6o *Marie*, épouse d'Isaac DE NOLENT, chr, sgr patron de Résen-lieu (4).

## XVIIe DEGRÉ.

HENRI Ier d'Escorches, né le 22 février 1689, sgr de Ste-Croix du Mesnil-Gonfroy, où il demeurait, reçu à 18 ans, le 20 octobre 1707, dans la 2e compagnie des mousquetaires à cheval de la Garde ordinaire du Roy, où il servit jusqu'en 1714; il prit part à la bataille d'Oudenarde en 1708.

Il épousa en premières noces, en 1731, Jeanne-Ursule *de Frédet de Jumeauville*, veuve de Gilles-Armand de la Touche, chr, sgr de Bocquencé, et fille de Charles, chr, et de Marguerite Barquillet; et en secondes noces, par contrat du 19 juin 1734, Louise-Aimée-Jeanne *d'Osmond*, fille de René-Henri, marquis d'Osmond (5), mestre de camp de dragons et brigadier

(1) Malart, en Normandie : d'azur à la fasce d'or chargée d'un fer de mulet de sable accompagné de deux losanges de gueules.

(2) De Courtoux, au Maine et au Perche : d'argent à la fasce dentelée de sable, remplie d'or, accompagnée de trois roses de gueules, 2 en chef et 1 en pointe. (Gr. Arm., ms. de 1696.)

(3) Gouhier, comme à la p. 5 ci-dessus.

(4) Cartulaire des Clairets, publié par le ve de Souancé.

(5) De Nolent de Fatouville et de Résenlieu : d'azur à la croix d'or cantonnée de 13 étoiles de même, posées 4 au 1er quartier et 3 dans chacun des deux autres.

(6) Le mis d'Osmond était cousin issu de germain, par Charlotte de Laval de Fardigny, son

des armées du roy, et de Françoise-Jeanne d'Osmond, dame et patronne d'Osmond, Royville, la Fresnaye-Fayel. Ce mariage fut célébré, le 14 juin 1734, dans la chapelle du château d'Osmond, en vertu d'une dispense de Mgr de Brancas, évêque de Lisieux.

Jeanne d'Osmond mourut le 13 juillet 1776, après avoir donné trois enfants à son mari :

  1º *Jeanne-Antoinette-Henriette*, aliàs *Reine*, née en 1742, visitandine à Caen;

  2º René-Henri-Robert, né le 26 mai 1746.

  3º Marie-Louis-Henri, dont l'article suit.

## XVIII<sup>e</sup> DEGRÉ.

Marie-Louis-Henri d'Escorches, c<sup>te</sup> puis m<sup>is</sup> de S<sup>te</sup>-Croix, né à S<sup>te</sup>-Croix du Mesnil-Gonfroy, le 17 septembre 1749, gentilhomme de la Manche du duc d'Angoulême, sous-lieutenant au régiment de Bourbon-Infanterie, 1766, enseigne du régiment des Gardes-Françaises en 1767, fit, devant les généalogistes des Ordres du roi, les preuves (1) de noblesse nécessaires pour être admis aux honneurs de la Cour et monta dans les carosses du roi, le 16 décembre 1773, sous le nom de c<sup>te</sup> d'Escorches de S<sup>te</sup>-Croix (2). Mestre de camp d'infanterie en 1780, ministre plénipotentiaire de Louis XVI près le prince-évêque de Liège en 1781, ch<sup>r</sup> de S<sup>t</sup>-Louis en 1784, ministre plénipotentiaire en Pologne en 1790, maréchal de camp en 1792, ambassadeur près la Porte Ottomane et commissaire civil dans le Levant, 1793, préfet de la Drôme, 1801-1815, ch<sup>r</sup>, puis officier de la Légion d'Honneur, refusa au retour de l'île d'Elbe, la préfecture de l'Aube à lui offerte par l'Empereur, et se retira à S<sup>te</sup>-Croix, où il est mort le 2 septembre 1830.

Le 6 février 1775, il avait épousé haute et puissante dame Marie-Victoire *Talon* (3), née le 3 avril 1756, fille de Jean-Baptiste T., conseiller au Parlement, et de Marie-Charlotte Radix.

Ils eurent trois fils et une fille :

  1º Henri II, né à Versailles, le 16 janvier 1777, enseigne de vaisseau en l'an VI (1798), lieutenant de vaisseau le 18 thermidor an VII (5 août 1799) (4), capitaine de frégate le 1<sup>er</sup> vendémiaire an XII (24 septembre 1803), ch<sup>r</sup> de la Légion d'Honneur, commandant la frégate « la Danaë », à bord de laquelle il fut assassiné en

---

ayeule, de Claude-Roland, appelé c<sup>te</sup> de Laval-Montmorency, depuis Maréchal de France. (Preuves pour les Honneurs de la Cour.) D'Osmond, en Normandie : de gueules au vol renversé et retourné d'hermines.

(1) Ces preuves sont aux Arch. Nat. MM 812, p. 303 à 306.

(2) *Essai sur la noblesse de race*, par le v<sup>te</sup> de Broc, p. 258.

(3) Talon, en l'Ile de France. d'azur au chevron accompagné de trois épis sortant chacun d'un croissant, le tout d'or. (Migne.)

(4) Henri d'Escorches semble avoir contribué inconsciemment à la prodigieuse fortune de Bonaparte; voici comment la chose est narrée par Norvins (Hist. de Napoléon, I, t. I, p. 368) :

« Quoiqu'il en soit, la raison ostensible de son départ pour ceux qui vivaient près de lui fut la lecture des gazettes et notamment des journaux de Francfort, que le lieutenant de vaisseau d'Escorches lui apporta de la part de Sidney-Smith. Cet officier était allé à bord de l'amiral pour échanger les prisonniers Turcs avec les prisonniers Français. Sidney-Smith en envoyant ces papiers à Bonaparte, voulait lui ôter toute idée de s'embarquer pour la France, battue et bloquée par la coalition; Bonaparte trouva au contraire dans les malheurs de nos armées en Italie et dans la situation intérieure de la République un nouveau devoir à remplir envers sa patrie et peut-être l'éveil de la plus haute fortune pour lui-même. »

rade de Corfou par un Piémontais de son équipage, le 12 janvier 1810 ;

2º *Cécile-Augustine-Euphémie*, née au château du Pin-au-Haras, 4 février 1781, décédée au château de Résenlieu, le 17 janvier 1870, épousa, le 18 fructidor an IX (5 septembre 1801), John DE MONTAGU-HUMPHRYS, né à Philadelphie, le 12 octobre 1772, décédé à Osmond, le 11 mars 1851, dont deux filles : Mᵐᵉ la cᵗᵉˢˢᵉ de Nolent, résidant au château de Résenlieu, près Gacé, et Mᵐᵉ la générale de Malherbe (1) ;

3º CHARLES (-MARIE-ROBERT), né à Versailles, le 20 novembre 1782, lieutenant au 4ᵉ régiment de dragons, aide de camp de Masséna, se signala au passage du Danube, puis à Essling, général de brigade à 26 ans, commandeur de la Légion d'Honneur, avec une dotation de 2,000 fr., le 9 juin 1810, cᵗᵉ de l'Empire, grand'croix des Ordres militaires de Bade et de Hesse, tué en 1811 à Villafranca (2) ;

4º ROBERT-JEAN-ANTOINE-OMER, dont l'article suit.

## XIXᵉ DEGRÉ.

ROBERT (-JEAN-ANTOINE-OMER) d'Escorches, né au château d'Osmond, le 7 juin 1785, mⁱˢ de Stᵉ-Croix, sous-lieutenant de dragons, capitaine de cavalerie, aide de camp de Berthier, eut une jambe emportée à la Moskowa et rentra en France avec les débris de la grande armée. Il fut fait membre de la Légion d'Honneur, bᵒⁿ de l'Empire et devint successivement auditeur au Conseil d'Etat, sous-préfet de Bar-sur-Ornain (Meuse) pendant les 100 jours. A la chute de l'Empire il se retira à Stᵉ-Croix, auprès de son père, fut maire de Survie pendant 25 ans, Conseiller général sous Charles X et enfin député de l'Orne de 1852 à 1857. Pendant la durée de son mandat politique, il publia diverses circulaires à ses électeurs dont la *Bibliographie cantonale de Vimoutiers*, de MM. Letacq et de Contades, donne la nomenclature, et mourut à Versailles, le 11 décembre 1861.

Il épousa Mˡˡᵉ Pauline-Henriette *Mahot de Gémasse* (3), fille de Marin-Nicolas-François, bᵒⁿ de Gémasse, sgʳ de Montormel, et de Pauline-Henriette Guérin ; elle mourut sans postérité, à Alençon, en juin 1852.

(1) C'est au château de Résenlieu que sont conservées les archives de la branche aînée de la maison d'Escorches, comprenant des pièces originales parfaitement classées depuis le xivᵉ siècle jusqu'à nos jours et accompagnées d'un inventaire analytique admirablement fait il y a un siècle. Nous renouvelons ici nos remerciments les plus respectueux à Madame la comtesse de Nollent qui a bien voulu nous communiquer ces précieuses archives avec la plus grande bienveillance.

(2) Voir à son sujet les « Mémoires de la duchesse d'Abrantès. (Paris, Garnier, 1893.) T. VIII, p. 71 à 75 et 165, et ceux du général de Marbot.

(3) Mahot de Gémasse, au Maine : d'azur au sautoir d'or, accompagné en fasce de 2 molettes d'éperon du même, à l'épée d'argent à poignée d'or, posée en pal la pointe en haut, brochante sur le sautoir.

# TABLEAU SYNOPTIQUE DE LA FAMILLE D'ESCORCHES

Jacques d'Escorches &c.
s^r de S^te Croix du Mesnil-Gonfroy
ép. 1556 : Marie de la Vove

**François II**
s^gr de S^te Croix et
d'Aubry le Panthou
ép. 1507 : Séline d'Assy

**Gilles** +1634
s^gr de la Vallée & S^te Croix
m. Marthe de Cossette

**Marie**
ép. 1576 Gameguy
Gouthier &c.
s^gr de Royville

**Jean IV é c^r**
s^gr du Mesnil & S^te Croix
ép. 1608 Charlotte Abot

**Robert I^ch.**
s. de S^te Croix et
d'Ouilly le Tesson
ép. A 1526 Léonore Heuzéat
B 1633 Marie Patrice

**Jean VI**
s^r de Moulines
+ 1664
ép. 1640 Renée Crestot

**Louis**
s. de la Vallée
+ 1636 Claude
Aufrei

**René**
s. du Coudré
ép. 1638 Renée
de Vicqmare

**Pierre II**
s. du Mesnil S^te Croix
ép. A 1633 M. M^e du Patry
B 1666 Louis Petitgas

**Marguerite**
ép. A 1633 Nicolas
Chalopin &c.
B Alexandre
Foustéau

**Jean V**
s^gr de Boutigny
ép. 1638 Elisabeth
de la Chaussée

Francois III — Jean

Nota : La filiation des dépers
risus à Jacques est tirée de l'inven-
^te des titres de la maison d'Es-
conservé au château de Résent...

R.F.

# Membres de la famille d'Escorches consacrés au service de Dieu

1. THOMAS, fils de Guillaume IV, éc', prêtre, 1399, 1412;
2. ALAIN, sg' de St-Eustache, fils de François Ier, sg' de Ste-Croix, prêtre, curé de Ste-Croix, 1557, mort après 1603;
3. Dom CHARLES D'ESCORCHES (p. 36), religieux en l'abbaye de Ste-Barbe-en-Auge, prieur de Tournebu, 1633-1650;
4. CHARLES II, s' de la Gestière (p. 8), religieux en 1675;
5. ANTOINE (p. 15), desservant St-Agnan-de-Chartres (1704-1706), curé des Genettes, 1734-48;
6. CHARLES-ANTOINE (p. 16), patron et curé de la Trinité-sur-Avre, 1748-1781, et chanoine de St-Maurice-lez-Chartres;
7. PIERRE-ALEXANDRE II (p. 32), né en 1718, curé de Favières;
8. GILLES-FRANÇOIS, s' de Moulines (p. 20), vicaire au Plantis, 1746, curé des Etilleux, 1750-1786;
9. ALEXANDRE-LOUIS-ROBERT (p. 34), tonsuré en 1748; moine de Bonneval et prieur de St-Thomas-de-Châteauneuf, 1752; chapelain de la Madeleine-Bouvet, 1753; curé de la Ville-aux-Nonains, 1759; chanoine de N.-D. de Chartres, 1766; curé d'Yèvres en 1789; insermenté et incarcéré en 1793; vivait encore en 1806;
10. *Louise*, fille de Jacques (1), religieuse à Mortagne le 6 mai 1609, vivante en 1638, ainsi que plusieurs de ses sœurs également religieuses;
13. *Marguerite* (p. 36), religieuse de Ste-Claire d'Argentan, 1626; abbesse 1661;
14. *Anne* (p. 36), également Clarisse à Argentan, 1626;
15. *Elisabeth* (p. 8), fille de Pierre II, religieuse de N.-D. de Dilection à Laigle, 1672;
16. *Renée* (p. 9), religieuse de la Visitation de Mamers, 1697;
17. Marie-Madeleine, religieuse des Clairets, 1737-1753.
18. *Jeanne-Antoinette-Henriette*, aliàs Reine (p. 38), née en 1742, visitandine à Caen.

---

(1) C'est depuis l'impression de la 1re feuille que nous avons découvert l'existence de ces religieuses dans l'inventaire des titres de la maison d'Escorches à Résenlieu.

---

# Liste de quelques-uns des membres de la famille d'Escorches

## qui ont servi la France dans les armées

---

*Quatre tués au service :*

1. PIERRE IV (p. 9), cornette de cavalerie dans le régiment Royal-Etranger, tué à la bataille de Fleurus, 1690;
2. CHARLES-GABRIEL (p. 24), capitaine d'infanterie dans le régiment de Foix, tué au siège de Lille, 1708 ;
3. HENRI II (p. 38), capitaine de Frégate, tué en rade de Corfou, commandant la Danaë (1810);
4. CHARLES (-Marie-Robert) (p. 39), frère du précédent, aide de camp de Masséna, général de brigade à 26 ans, tué à Villafranca, 1811.

---

5. GUILLAUME I$^{er}$ (p. 3), chr, croisé en 1190 ;
6. GUILLAUME IV (p. 4), écr de la compagnie de Jean, sire de la Ferté-Fresnel, maréchal de Normandie, en 1369;
7. JEAN II (p. 4), sert en compagnie du c$^{te}$ d'Alençon « es parties de France », 1411 ;
8. JACQUES (p. 4), homme d'armes de la compagnie du sieur d'Annebaut, 1555 ;
9. NICOLAS (1), archer de la même compagnie, 1555 ;
10. ETIENNE (1), archer de la même compagnie, 1555 ;
11. JEAN IV (p. 5), un des 100 gentilshommes de la compagnie ordinaire du c$^{te}$ de Soissons, 1605;
12. PIERRE II (p. 7), volontaire dans le Régiment-Royal, sous la charge du v$^{te}$ de Denonville, 1633;
13. ROBERT I$^{er}$ (p. 36), sert le roi en ses armées comme gentilhomme à la suite du duc d'Orléans, 1635-54;
14. ROBERT II (p. 37), sert en la même qualité, 1654;
15. JEAN (p. 35), capitaine au régiment de Canisy, 1640;
16. JEAN V (p. 22), était à 20 ans lieutenant d'une compagnie de gens de pied entretenue par le roi en Italie, 1638;
17. FRANÇOIS (p. 23), garde du corps du roi, 1667;

---

(1) Ces deux personnages dont nous trouvons le nom dans la montre de 1555, appartenaient probablement aux branches normandes de la famille.

18. PIERRE III (p. 18), était à 15 ans sous-lieutenant de la compagnie de Joncarot dans le régiment de la Fresselière, 1674; trésorier, receveur et payeur de l'escadron de la noblesse du Perche à l'arrière-ban de 1675;

19. JEAN-ANTOINE (p. 11), lieutenant au régiment de la Vove, 1697;

20. CHARLES II (p. 15), capitaine d'infanterie au régiment de Labour, 1700;

21. JEAN... (p. 37), mousquetaire de la 2ᵉ compagnie de la garde 1705; eut le bras cassé à Ramilies, 1706; mort en 1707;

22. HENRI Iᵉʳ (p, 37), mousquetaire à 18 ans dans la 2ᵉ compagnie de la garde du roi, 1707 à 1714; prit part à la bataille d'Oudenarde, 1708;

23. PIERRE - ALEXANDRE (p. 31), capitaine au régiment de Foix, 1709;

24. PIERRE-NICOLAS (p. 21), chevau-léger de la garde, 1722;

25. RODOLPHE (p. 25), lieutenant au régiment de la Marche, réformé en 1748; ·

26. CLAUDE (-FRANÇOIS) (p. 27), capitaine d'infanterie au régiment de la Marche-Province (1750), dans lequel il servit plus de 20 ans;

27. FRANÇOIS-SIMON (p. 12), chevau-léger de la garde du roi, 1755;

28. MARIE-LOUIS-HENRI (p. 38), sous-lieutenant, 1766; mestre de camp en 1780, maréchal de camp en 1792;

29. GILLES-CHARLES (p. 16), gouverneur, aliàs major, de Lyon, 1769;

30. PIERRE-JEAN-BAPTISTE (p. 22), officier au régiment de Béarn-Infanterie, 1770;

31. CHARLES-FRANÇOIS (p. 21), mousquetaire de la garde, 1782;

32. MARIE-FRANÇOIS (p. 27), page de la Chambre, 1783; officier au régiment d'Artois, puis officier de cavalerie en émigration;

33. VINCENT-CLAUDE-ANTOINE (p. 13), sous-lieutenant des gardes du corps du cᵗᵉ d'Artois; adjudant-major du régiment de Bourbonnais à l'armée de Condé, 1791; puis colonel de cavalerie;

34. CHARLES-PIERRE (p. 17), page de Monsieur, puis officier de dragons;

35. ROBERT (-JEAN-ANTOINE-OMER) (p. 39), sous-lieutenant de dragons, capitaine de cavalerie, aide de camp de Berthier, eut une jambe emportée à la bataille de la Moskowa, 1812.

### Fonctions diverses :

PIERRE IV (p. 20), conseiller du roi, lieutenant général d'épée au bailliage du Perche à Mortagne, 1720-45;

ROBERT Iᵉʳ (p. 10), page des écuries de la reine, 1725;

ROBERT II (p. 10), ingénieur en chef de Carentan, 1748, puis de Granville;

MARIE-LOUIS-HENRI (p. 38), gentilhomme ordinaire de la Chambre du duc d'Angoulême, ministre plénipotentiaire près le prince-évêque de Liège, 1781, ambassadeur près la Porte, 1793, préfet de la Drôme, 1801-15;

ROBERT-JEAN-ANTOINE-OMER (p. 39), auditeur au Conseil d'Etat, sous-préfet de Bar-sur-Ornain, 1815, conseiller général, puis député de l'Orne, 1852-57.

### Honneurs :

*Honneurs de la Cour* (consistant à monter dans les carosses du roi et à suivre Sa Majesté à la chasse) : Marie-Louis-Henri, 1773.

Cinq *croix de St-Louis* : Claude-François, 1763; Charles-Marie-Urbain, 1782; Gilles-Charles, 1782; Marie-Louis-Henri, 1784; Marie-François.

Un cordon de *commandeur de la Légion d'Honneur* : Charles-Marie-Robert.

Une croix d'*officier de la Légion d'Honneur* : Marie-Louis-Henri.

Deux croix de la *Légion d'Honneur* : Henri II, Robert-Jean-Antoine-Omer.

Un titre de *Comte de l'Empire*, avec dotation de 2,000 fr., à Charles-Marie-Robert, 9 juin 1810.

Un titre de *Baron de l'Empire*, à Robert-Jean-Antoine-Omer.

# PREUVES DE LA GÉNÉALOGIE

## De la Famille d'Escorches.

---

### 1.

#### 21 janvier 1504.

*Contrat de mariage de Pierre d'Escorches avec Jeanne de Pluviers.*

Traité de mariage accordé sous seings privés, le 21 janvier 1504, entre Pierre d'Escorches, écr, sgr de Ste-Croix du Mesnil Gonfray, fils et héritier aisné de feu Jean d'E., sgr du dit Ste-Croix, d'une part, et dlle Jeanne de Peviers (c'est Pluviers), fille de Jean de Pluviers, écr, sgr du lieu, et de dlle Blanche Mallart, d'autre part, — lesquels sgr et dame de Pluviers donnent à la dlle leur fille et au dit sgr de Ste-Croix la somme de 800 l. t. une fois payée en dedans le jour de leurs épousailles, savoir : 400 l. dont le futur époux disposera à sa volonté et les autres 400 l. pour être par luy employées en acquisitions de 40 l. de rente ou en fonds d'héritages en la ligne de la d. dlle sa future épouse; ce traité fait en présence de nobles hommes Guill. de la Vigne, Maurice de la Vigne, Jean du Plesseys, Richard du Fay, Marguery de Rupierre, écrs; de Me Isaac Champan, prêtre, sr de Givey ; et Guillaume d'Escorches, écuyer.

Fut reconnu, le 13 mars 1504, par nobles hommes Jean de Peviers, écr, sr du lieu, et Pierre d'Escorches, écr, sgr de Ste-Croix, qui reconnoit avoir reçu 500 l. t. ..... devant Henry Frenaye, clerc, tabellion juré en la châtellenie de Mortagne, Jean Glenart étant garde des sceaux aux obligations de la d. châtellenie et tabellion de la dite ville de Mortagne.

*Inventaire des titres de la maison d'Escorches conservé au château de Résenlieu. Analyse.*

## 2.

22 janvier 1555 [n. st.].

*Montre de quarante lances fournies de la compagnie
de Mr d'Annebaut passée à Mortagne.*

[Monstre f]aicte en robbe, à Mortaigne ou Perche, le 22e jour
de janvier, l'an 1555, de quarante hommes d'armes ..... quarante
lances fournies des ordennances du roy nostre sire, estans soubz
la charge et conduicte de Mr d'Annebault ..... nous Guillaume de
la Grippière, chr, sgr du dit lieu, commissaire ordinaire des
guerres, commis et ordonné à faire la d. monstre ........ant aus
dits hommes d'armes et archers de leurs gaiges et soulde du
quartier d'octobre, novembre et décembre 1554 ..... paieur de la
d. compaignye pour servir à l'acquict de Me Jehan Gaultier,
consr du roy et trésorier ordinaire de ses guerres ..... noms et
surnoms s'ensuyvent.

Premièrement :

| Hommes d'armes : (1).....            | Archers :                         |
|--------------------------------------|-----------------------------------|
| Jaques de Bailleul Beauvois.         | Alleran de Saluces.               |
| René Vallée de Chevyn.               | Gilles de St-Denys Hertrey.       |
| Jaques Descorches Ste-Croix.         | Jehan de Tournemyre.              |
| François de la Vigne Thubeuf.        | Annet Seaulme le Mesnil.          |
| Jehan Joussaud le Cap.               | Jaques de Monthuan.               |
| Jaques le Poyvre.                    | Jehan de Tournemyre le jeune.     |
| Jaques de Tuccey Brestel.            | Jaques le Conte Nonant.           |
| Francois de Crestes.                 | Anthoine Asselin.                 |
| Robbert du Pradel.                   | Jaques de la Volpillière Fedic.   |
| Francois de la Pouppardière.         | Richard Mauduict Mortaigne.       |
| Francois de Solonyac.                | Jehan Ryvet, trompete.            |
| Jaques Corbeau.                      | Pierre Collardin.                 |
| Jaques de Vanssay Labarre.           | Bertrand Seaulme le Mesnil.       |
| Charles de Rupierre St-George.       | Pierre Morin.                     |
| Claude de Mondace.                   | Guillaume de Heudoye.             |
| Anthoyne de Grasse.                  | Claude Myngreval.                 |
| Jehan le Conte.                      | Jehan de Bully.                   |
| Nicolas le Dyacre la Motte.          | Francois de Lespine.              |
| Anthoine de Chazelles.               | Jehan Ryoult Vaudoré.             |
| Estienne de Boyheu.                  | Gabriel du Pradel.                |
| Jaques de la Vigne.                  | Nombre XX.                        |
| Nombre XXI.                          |                                   |

(1) Le tiers de gauche de cette pièce étant détruit, le nom des 19 premiers hommes d'armes se trouve perdu (sauf celui du sire d'Annebaut,
capitaine, qui devait figurer en tête.

Jaques d'Argouges.

Roger le Petit, maréchal de forge.

Nicolas d'Escorches, bangneret.

Jaques du Texier Maisons.

Jaques Iliroult la Ryvière.

Anthoine de la Bastide.

Nicolas Yvelin Lehec.

Jehan de Lescours Mangnelais.

Jehan d'Acher.

Nicolas de Lesnerac Carrel.

Marin de Thuault.

Claude de Riclennes la Cheze.

Francois du Rifz Pébaudry.

René de Lassy Melmes.

Jaques d'Olliac.

Christofle Wllys.

Roch d'Olliac.

Laurens le Fermoe.

Francois de Jeufosse, pour 27 jours.

Francois de Rozeray, 2 mois trois jours.

Mathieu du Souchey.

Nombre xx.

Marin le Brong fourrier.

Guillaume du Perray le seh....

Florimont des Eveaux.

Loys de la Joyerre.

Claude de Revilliasc Chapistan.

Jehan d'Allezon Reyber...

Guillaume de Hébert.

Michel d'Esplatz cirurgien.

Loys du Guémadeuc, pour 27 jours.

Estienne d'Escorches, 2 mois trois jours.

Loys du Pyn Engueller.

Charles de Pierre [?] Saussoy.

Jehan Franquet Frendude.

Jehan du Bousquet.

Charles Meslyn Montagu.

Claude de la Samsonnière.

François de la Grange.

Jaques de Mezangier.

Anthoine Lambert.

Macé Hervieu.

Jehan Jaubourg, trompete.

Nombre xx.

Nombre total d'hommes d'armes xl, et d'archers lx.

..... de la Grippière, ch<sup>r</sup>, s<sup>r</sup> du d. lieu, commissaire dessus-nommé, certiffions à nos seigneurs les gens des comptes du roy nostre sire, à Paris, ..... par forme de monstre et reveue tous les dessus dits 40 hommes d'armes et 60 archers, faisans le nombre de 40 [lances fournies des ordon]nances du roy nostre sire, estans soubz la charge de M<sup>r</sup> d'Annebault, leur cappitaine, sa personne y comprise, lesquelz nous avons ..... pour servir le dict sg<sup>r</sup> au faict de ses guerres et partout ailleurs où il luy plaira les employer, capables d'avoir prendre ..... et solde à eulx ordonnez par icelluy sg<sup>r</sup>, pour le quartier d'octobre, novembre et décembre dernièrement passés qui est 109 l. pour ..... t. 54 l. 10 s. pour chacun des dits archers, pour le dit quartier, tant pour leur soulde ancienne creue et augmentation ..... leur logis et ustencilles, le tout suyvant l'ordonnance du dit sg<sup>r</sup>, par luy faicte sur le faict de sa d. gendarmerye. En tesmoing de ce, [avons signé ce] roole de nostre main et icelluy faict sceller du seel de noz armes, au dict Mortaignes, le 22<sup>e</sup> janvier 1555.

[traces de sceau de cire rouge sur double queue.]

..... Crestot, greffier du bailliaige du Perche, estably à Mortaigne, commis et institué par le dit s<sup>r</sup> de la Grippière, commissaire, à la requeste du s<sup>r</sup> de ......, gentilzhommes de cest dict compaignye pour assister et vacquer avecques luy au faict de la dicte monstre et reveue, en l'absence du controrolleur ..... depputé et ordonné pour ce faire tous les dessusnommez et escriptz 40 hommes d'armes et 60 archers, estans soubz la charge de M<sup>r</sup> d'Annebault, leur carppitaine, sa personne y comprise, ont confessé avoir eu et receu comptant de M<sup>e</sup> Jehan Gaultier, conseiller du roy et trésorier ordinaire des guerres ..... de Jaques de S<sup>t</sup>-Père, payeur de la d. compaignye, la somme de 7597 l. 5 s. 11 d. obole ..... pistoletz a 44 s., testons à 11 s. 4 d., et le reste en monnoye de 12<sup>ams</sup> à eulx ordonnée par le dit sieur pour leurs gaiges et solde, quartier et ..... passé qui est à raison de 109 l. t., pour chacun homme d'arme, et 54 l. 10 s. t. pour chacun des dits archers, pour les dits quartiers suyvant ..... le faict de sa gendarmerye, de laquelle somme de 7,597 l. 5 s. 11 d. obole ..... iceulx hommes d'armes et archers et chacun d'eulx ..... tiennent pour contans et bien payez et en ont quicté et quictent le dict s<sup>r</sup> trésorier Gaultier, de Sainct-Père, payeur et tous autres ..... à leur requeste, le 23<sup>e</sup> jour de janvier, l'an 1555.

[Signé :] CRESTOT [avec paraphe].

*Arch. de l'Orne; série B; bailliage du Perche. Original.*

La découverte de cette pièce intéressante est due à M. Duval, archiviste de l'Orne, qui l'a retrouvée dans la couverture d'un des registres du bailliage du Perche.

3.

Tourouvre; 20 octobre 1556.

*Contrat de mariage de Jacques d'Escorches avec Marie de la Vove.*

A tous ceulx qui ces présentes lettres verront, Charles Crestot, licentié es droictz, garde des seaulx pour le roy nostre sire aux contraictz et obligations de la chastellenye de Mortaigne, salut. Scavoir faisons que, par devant Gilles Chouaseau, tabellion juré, commys et institué en la dicte chastellenye, fut présent noble homme Jacques d'Escorches, fils aisné de nobles personnes Françoys d'Escorches et de damoyselle Anne de Sainct Nicollas, sieur et dame de Saincte Croix et Sainct Nicollas, ou duché d'Allençon, d'une part, et damoyselle Marie de la Vove, fille aysnée de nobles personnes Robert de la Vove, s<sup>r</sup> de Thorouvre, le Plessis, Bellegarde, la Guymandière et des Brousdières, et damoyselle Anthoynette Goëvrot, son espouze, d'autre part ;

lesquelz Jacques d'Escorches (en la présence et du consentement
de son dict père) et la dicte damoyselle Marie de la Vove (du
consentement de ses dictz père et mère) ont promys prendre
l'ung l'autre, par loy de mariaige, sy Dieu et nostre mère saincte
Esglise le permectent ; en faveur duquel mariage le dict sieur de
Ste Croix, soy faisant fort de la dicte damoyselle sa femme, et les
dictz de la Vove et la dicte damoyselle son epouze, ont faict les
accordz qui ensuyvent et 1º le dict sgr de Saincte-Croix, tant pour
luy que pour sa dicte femme, a dict et déclairé qu'il marie le dict
Jacques d'Escorches, son filz, comme son filz aisné et présumptif
héritier et successeur de luy et sa dicte femme et promect, le dict
mariaige célébré, loger, nourir et entretenir les futurs mariez,
leurs enffans, serviteurs et famille, et ou cas que les mariez ne se
vouldroient tenir avecques le dict sgr de Ste-Croix et sa dicte
femme, en ce cas et en advancement de succession, le dict sgr de
Ste-Croix a baillé à son dict filz la terre de St-Nicollas, appartenant à sa dicte femme, promectant luy faire avoir aggréable
comme dessus, avecques ses appartenances et deppendances; et,
par ces mesmes présentes, le dict sgr de Ste-Croix, soy faisant fort
comme dessus, a consenti et consent que la dicte Marie de la
Vove ayt et prengne douaire sur tous les biens de luy et de
la dicte dlle sa femme après leur décès, comme sy leurs successions estoient ja escheues à leur dict filz ; déceddast devant eulx
le dict sr de Ste-Croix, a douaire la dicte Marie de la Vove de sept
vingts livres de douaire préfix, au choix de la dicte Marie de la
Vove de se contenter du dict douaire préfix ou de prendre douaire
coustumyer après le décès des dicts sr de Ste-Croix et sa dicte
femme; et en faveur duquel mariaige, le dict de la Vove et la dicte
damoyselle sa femme ont promys donner à leur dicte fille la
somme de 4,500 l., qui passeront par les mains du dict sr de
Ste-Croix et sa femme, sur laquelle somme de 4,500 l. le dict sr de
Ste-Croix a promys et s'est obligé employer ou nom, prouffict et
ligne de la dicte Marie de la Vove, la somme de 4,000 l. et, en
deffault de faire la dicte emplaicte, le dict sgr de Ste-Croix a
assigné et assigne à la dicte Marie la somme de 200 l. t. de rente
sur sa dicte terre de Ste-Croix, jusques ad ce que la d. emploicte
soyt faicte, et les 500 l. qui restent de la d. somme de 4,500 l.
demeurent pour les espingles et don de nopces. En oultre, le dict
sr de Thorouvre et sa dicte femme ont accordé à la dicte Marie
leur fille que après leur décees elle puisse revenir à partaige en
leurs successions et chascunes d'icelles, en rapportant la dicte
somme de 4,000 l. ou la terre pour laquelle les deniers auront
esté employez, qui sera représenté le patrymoigne de la dicte de la
Vove. Aussy ont promis les dicts sr de Thorouvre et sa dicte femme

vestir et accoustrer leur dicte fille bien et honnestement. Laquelle
somme de 4,500 l. les dictz de la Vove et sa dicte femme ont
promys payer, scavoir est 2,000 l. au jour de leurs espouzailles,
et 2,000 l. ung an après le dict jour de leurs espouzailles, et les
500 l. pour le don d'espingles toutesfoys et quantes qu'il plaira
au dict sgr de Ste-Croix et son filz, dont du tout les dictes parties
furent contens et demeurèrent d'accord. Promectant le dict sgr
de Ste-Croix, etc., [clauses de garantie suivant les formules
ordinaires.]

Ce fut faict et passé à Thorouvre, le 20e jour d'octobre l'an 1556,
présens ad ce : nobles personnes messire Marin de Pluvyers, chr,
sgr du lieu; Jehan de Buberthré, sgr de la Pelleterie; Jehan
Gillain, sr de Sainct-Mars; Jehan de la Pallu, sgr du Mesnil-
Hubert; Guillaume de la Pallu, sgr de la Fontaine; Jehan de la
Vove, sgr de Villiers et de la Forge, oncle paternel de la dicte
Marie de la Vove, et honneste homme maistre Jehan Gaultier,
tesmoings.

[Signé :] G. CHOUAISEAU [avec paraphe].

*Chartrier du château de Résenlieu. Archives de la maison d'Escorches,
7e degré, 14e liasse, 8e pièce. Original jadis scellé sur double queue.*
B. N. Cab. des titres. Nouv. d'Hozier, fol. 24. Analyse.

4.

Ste-Croix du Mesnil-Gonfroy ; 16 décembre 1576.

*Contrat de mariage de Tanneguy Gouhier avec Marie d'Escorches.*

Contrat de mariage de noble homme Tenneguy Gouhier, fils de
noble homme Antoine G., lic. ès droits, sgr de Roiville, et de
dlle Jeanne Le Verrier, accordé le 16 déc. 1576 avec dlle Marie
d'Escorches, fille de noble homme Jacques d'E., sgr de Ste-Croix,
et de dlle Marie de la Vove; lequel sgr de Ste-Croix promet aux
futurs époux la somme de 2,500 l. dont en sera employé 2,000 l.
du jour qu'ils les auront reçus, en 200 l. t. de rente, au profit de
la future, raquitable toutes fois et quantes. Il est dit que si les
futurs époux ne peuvent faire leur résidence en la maison du d.
sgr de Roiville, pour y etre entretenus et nourris bien et honora-
blement comme le d. sgr, ce dernier s'oblige de donner à son fils,
en avancement de sa succession, l'une des deux maisons manables
du pourpris du manoir du d. sgr de Roiville, pour y faire leur
résidence, avec la somme de 150 l. par an. Il est stipulé que,
quelque résidence que le d. sgr de Roiville et les futurs pourroient
faire ensemble, ils n'auront aucune communauté de biens. Le d.

sg<sup>r</sup> de Roiville reconnoit le d. futur pour son vrai, légitime et principal héritier aîné en sa succession. Ce contrat passé à S<sup>te</sup>-Croix du Mesnil-Gonfroy, en présence de noble dame Antoinette de Couévrot, dame de Tourouvre et de la Gastine, de nobles hommes : Alexandre de la Vove, sg<sup>r</sup> de Tourouvre ; Claude de la Vove, sg<sup>r</sup> de Bellegarde ; discrète personne M<sup>re</sup> Alain d'Escorches, sg<sup>r</sup> de S<sup>t</sup>-Eustache ; Charles Gouhier, sg<sup>r</sup> de la Bretonnière ; François de Baillehache, sg<sup>r</sup> des Ostieux ; Jacques de la Ville, sg<sup>r</sup> de la Brousse ; Gilles de la Pallu, sg<sup>r</sup> des Pantoulières ; François de la Pallu, sg<sup>r</sup> de S<sup>t</sup>-Nicolas ; et Alain de Hudebert, sg<sup>r</sup> de Blancbuisson.

*Inventaire des titres de la maison d'Escorches, conservé au château de Résenlieu. Analyse.*

Inventaire appartenant à M. l'abbé Gaulier. Analyse.

B. N., cab. des titres, dossier bleu, p. 16. Analyse.

## 5.

### Champs ; 13 février 1608.

*Contrat de mariage de Jean d'Escorches avec Charlotte Abot.*

Contrat de mariage de Jean d'Escorches, éc<sup>r</sup>, s<sup>r</sup> du Mesnil-Gonfroy, fils de Jacques d'Escorches, vivant éc<sup>r</sup>, s<sup>r</sup> de S<sup>te</sup>-Croix, de la Valée et du Mesnil-Gonfroy, et de d<sup>lle</sup> Marie de la Vove, sa veuve, et assisté de messire Robert de la Vove, son cousin-germain, sg<sup>r</sup> de Tourouvre, de Brezolettes, de la Gâtine et de la Guimandière, ch<sup>r</sup> de l'Ordre du Roy, et de dame Marguerite Hurault, sa femme, et de René de Pilliers, éc<sup>r</sup>, s<sup>r</sup> de Gentilli, accordé, le 13<sup>e</sup> de février 1608, avec d<sup>lle</sup> Charlotte Abot, fille de messire Gilles A., vivant éc<sup>r</sup>, s<sup>r</sup> du Rérai, de la Chaise et de Champs, ch<sup>r</sup> de l'Ordre du Roi, enseigne de 100 gentilshommes de Sa Majesté et Gentilhomme Ordinaire servant de sa Maison, et de d<sup>lle</sup> Françoise de Sansavoir, sa veuve. Ce contract passé au d. lieu seigneurial de Champs, devant Jean Veau, tabellion commis sous Léonard Bart, principal notaire à Mortagne. La dote est de 6,000 l.

*B. N., cab. des titres ; Nouv. d'Hozier, fol. 24. Analyse.*

## 6.

### Mortagne ; 25 septembre 1613.

*Transaction entre Robert et Marguerite d'Escorches.*

Transaction passée, devant les notaires sous la châtellenie de

Mortagne, entre Robert d'Escorches, écʳ, sgʳ de Sainte-Croix, comme tuteur des enfants mineurs de Jean d'Escorches et de dˡˡᵉ Charlotte Abot, avec dˡˡᵉ Marguerite d'Escorches, aussi héritière en partie desdits défunts, portant le règlement fait entre eux pour leur partage. Signé : BERTRE.

*B. N., Cab. des Titres; Nouv. d'Hozier; dossier d'Escorches, cote 9 (maintenue du 12 avril 1667).*

## 7.

### Mortagne; 21 septembre 1624.

*Quittance par Marie de la Vove à François d'Escorches, son fils.*

Acte par lequel il paraît que dˡˡᵉ Marie de la Vove, veuve de Jacques d'Escorches, écʳ, sgʳ de Sainte-Croix, fils aîné de François, donne quittance à François d'Escorches, écʳ, fils dudit Jacques. Passé devant Chouasseau, notaire en la châtellenie de Mortagne.

*B. N., Cab. des Titres; Nouv. d'Hozier, d'Escorches; pièce 9 (maintenue du 12 avril 1667), p. 6.*

## 8.

### Mortagne; 18 septembre 1633.

*Contrat de mariage de Pierre d'Escorches avec Marguerite du Paty.*

Contract de mariage de Pierre d'Escorches, écʳ, sʳ du Mesnil-Sainte-Croix et des Tesnières, fils de Jean d'Escorches, vivant écʳ, sgʳ du Mesnil-Sainte-Croix, et de feue dˡˡᵉ Charlotte Abot, sa femme, demeurant au lieu des Tesnières, paroisse de la Lande, et assisté de messire Jean Abot, écʳ, sʳ du Rérai, prebtre, prieur de Sainte-Gauburge et curé de la paroisse de Champs, et d'Antoine Abot, écʳ, sʳ, de Champs, de la compagnie des Chevaux-Légers de la garde du Roy et gentilhomme ordinaire de la Chambre, ses oncles, et de Nicolas Chalopin, écʳ, sʳ de la Galopinière, mari de dˡˡᵉ Marguerite d'Escorches, demeurant au lieu de la Grissetrie, paroisse de Prépotin, diocèse de Séez, accordé, le 18 de septembre de l'an 1633, avec dˡˡᵉ Marguerite du Paty, fille de Jacques du Paty, vivant écʳ, sʳ de la Haie, lieutenant particulier, civil et criminel au baillage du Perche, et de dˡˡᵉ Esprite Abot, sa femme, et assistée de Jacques du Paty, son frère et curateur, écʳ, sʳ de Courfransseur, aussi lieutenant particulier, civil et criminel audit baillage, de Charles Roussin, écʳ, s$^r$ de la Comté, de Charles de la Chaussée, éc$^r$, s$^r$ de la Lucazière, de d$^{lle}$ Renée du Paty, femme dudit Antoine Abot, s$^r$ de Champs, de d$^{lle}$ Charlotte du Paty, femme dudit s$^r$ de la Lucazière, et de d$^{lle}$ Hélène Lambert, femme dudit Jacques du Paty. Ce contrat passé devant Alexandre Bertre, notaire à Mortagne. Le douaire est de 300 l.

*B. N., Cab. des Titres; Nouv. d'Hozier, dossier d'Escorches, fol. 21.*

## 9.

### Mortagne; 11 octobre 1633.

*Transaction entre Pierre d'Escorches et Nicolas Chalopin.*

Transaction devant les notaires de la châtellenie de Mortagne, entre Pierre d'Escorches, éc$^r$, s$^r$ du Mesnil-Sainte-Croix, et Nicolas de Chalopin, éc$^r$, s$^r$ de la Galopinière, comme ayant espousé d$^{lle}$ Marguerite d'Escorches, sœur dudit Pierre, par laquelle il s'oblige payer audit Chalopin la somme de 150 l. par chacun an pour la portion afférante à ladite Marguerite d'Escorches, sa sœur, en la succession de Jean d'Escorches, éc$^r$, et Charlotte Abot, ses père et mère. Signé : BERTRE.

*B. N., Cab. des Titres; Nouv. d'Hozier; maintenue de 1667.*

## 10.

### Paris; 20 septembre 1636.

*Quittance donnée par le procureur de Robert d'Escorches à Denys Marin, receveur des Droits Aliénés.*

En la présence des notaires du roy nostre sire au Châtelet de Paris soubz signez, m$^e$ Josias de Rouen, bourgeois de Paris, y demeurant, au nom et comme procureur de m$^e$ Robert d'Escorches, comme tuteur des enfants de feu Jean d'Escorches, propriétaire des offices de commissaire des tailles des paroisses de Saint-Martin-d'Esperrais, Sainte-Séronne, Saint-Suplice, la Poterie, Brezolette, la Ventrouze, Saint-Victor-de-Réno, la Chapelle-Montligeon, Maison-Maugis, Courserault et Tourouvre, Remdonné et Contrebis, en l'élection de Mortaigne, a confessé et confesse avoir eu et reçu de noble homme Denys Marin, Conseiller-Secrétaire du Roy et de ses finances, commis par S. M. à la recepte générale des droictz alliénez sur les tailles et gabelles de ce royaume supprimez par édict, la somme de 285 l. 3 s. en un récépicé sur la taxe des cinq millions pour le revenu au denier 14 de..... l'année entière 1634, de la somme de 3992 l. 9 s., à quoy monte la finance payée pour les dicts offices, le revenu règlé par les arrests du Conseil, de laquelle somme de 285 l. le dict de Rouen s'est tenu pour contant et en a quicté et quicte le dict sieur Marin, etc. Faict et passé à Paris, ès études des notaires soubsignez, l'an 1636, le 20e jour de septembre.

[Signé :] DE ROUEN, GALLOYS, BREGEON.

*B. N., Cab. des titres; pièces originales, vol. 1059, d'Escorches, fol. 2.*

## 11.

### Mortagne; 6 mars 1638.

*Emancipation de Jean d'Escorches, sieur de Boutigny.*

Emancipation de la personne de Jean d'Escorches, écr, sr de Boutigny, âgé de 20 ans, fils de Jean d'Escorches, vivant écr, sr du Mesnil, et de dlle Charlotte Abot, sa femme, faite le samedi 6e de mars de l'an 1638, aux pleds du baillage du Perche tenus par Jacques du Pasti, écr, sr de Courfransseuil, conseiller du Roy, lieutenant particulier, civil et assesseur criminel au dit baillage; du consentement de messire Robert d'Escorches, chr, sgr de Sainte-Croix, d'Antoine Gouhier, écr sr et patron de Royville, de Robert Gouhier, écr, sr des Bois, de François d'Escorches, écr, sr de Sainte-Croix, de Pierre d'Escorches, écr, sr du Mesnil-Sainte-Croix, de messire Robert de la Vove, chr, sgr de Bellegarde, et de messire Jean Abot, écr, prebtre, prieur de Sainte-Gauburge, ses parents paternels et maternels. Cet acte signé : COLLET.

*B. N., Cab. des Titres; Nouv. d'Hozier, dossier d'Escorches, fol. 23 vo.*

## 12.

### La Lande-sur-Eure; 12 décembre 1639.

*Baptême d'Antoine et de Charles d'Escorches.*

Le 12 décembre 1639, fut donné le baptême à Anthoine, fils issu de Mr du Mesnil-Sainte-Croix, et de dlle Marie du Paty, sa femme, et Anthoine de la Vove, écr, bon de Thourouvres, son parrain, sa marraine demoiselle..... [l'original en blanc].

Et le dit jour, même heure et an, fut aussi donné le baptême en l'église de la Lande, à Charles, second fils dudit sr de Sainte-Croix, par Charles..... [l'original en blanc], écr, prieur de.....

[l'original en blanc], son parrain; la marraine demoiselle [Marguerite] d'Escorches de Sainte-Croix, femme de·Mʳ de la Galopinière.

*Registres paroissiaux de la Lande-sur-Eure.*

## 13.

### Alençon; 23 mars 1645.

*Maintenue de noblesse pour Pierre et Jean d'Escorches.*

Jugement rendu à Alençon, le 23 de mars de l'an 1645, par les commissaires-généraux, députés par le Roy dans la dite généralité pour l'exsécution de son édit du mois de novembre 1640, portant révocation des privilèges et exemptions de tailles, par lequel ils ordonnent que Pierre d'Escorches, écʳ, sʳ du Mesnil-Sainte-Croix, demeurant dans la paroisse de la Lande, élection de Mortagne, et Jean d'Escorches, son frère, écʳ, sʳ de Boutigny, demeurant dans la paroisse de Montgommery, élection d'Argentan, demeureront compris dans les rôles des dits privilèges au chapitre des nobles et des exempts en conséquence des titres qu'ils avoient produits pour justifier leur noblesse. Cet acte signé : DE BLANCHOUIN.

*B. N., Cab. des Titres; Nouv. d'Hozier, fol. 23. Analyse.*

## 14.

### La Lande-sur-Eure; 6 octobre 1642 et 4 février 1643.

*Baptême de François d'Escorches.*

Le 6 octobre 1642, ai baptizé l'enfant de noble homme Pierre d'Escorches, écʳ, sʳ du Mesny-Sainte-Croix, et de dᵉˡˡᵉ Marie du Pasty, son épouse; et le 4ᵉ février 1643, les cérémonies de l'Eglise ont été par moi, curé de la Lande, faictes et observées en l'église de la Lande et a pour parrain Mʳᵉ Jacques d'Angermont, chʳ de l'ordre du Saint-Esprit et sgʳ de Marville, sa marraine Françoise de Pommereuil, épouze dudit sgʳ de Marville, et ont nommé l'enfant François.

*Registres paroissiaux de la Lande.*

## 15.

### La Lande-sur-Eure; 7 mars 1655.

*Baptême de Charles, fils de Pierre d'Escorches et de Marie du*

*Pasty. Parrain : Charles du Quesnel, s<sup>r</sup> de Coupigny, la Fer-*
*rière, Manou; marraine : .....*

*Registres paroissiaux de la Lande.*

## 16.

### 18 juin 1663-17 mai 1664.

*Lettres de dérogeance obtenues par Marguerite d'Escorches,*
*veuve d'A. Fousteau, entérinement et exécution des dites*
*lettres.*

Lettres de dérogeance obtenues en la Grande Chancellerie par
d<sup>lle</sup> Marguerite d'Escorches, veuve d'Alexandre Fousteau, auparavant veuve Nicolas Chalopin, éc<sup>r</sup>, s<sup>r</sup> de la Galopinière, regis-
trées à la Cour des Aides de Rouen le 6<sup>e</sup> mars 1664.

21 juin 1663. — Commission de la Cour des Aides pour faire
appeler les habitants de Sainte-Céronne, élection de Mortagne,
pour procéder à l'entérinement des lettres.

6 mars 1664. — Arrêt de la d. Cour qui ordonne l'entérinement
de ses lettres et qui maintient la d. Marguerite d'Escorches en
son privilège de noblesse.

11 juin 1664. — Sentence des élus de Mortagne, par laquelle
les habitants de Mortagne (Saint-Jean), sont condamnés à se
recharger au profit des habitants de Sainte-Céronne de la somme
de 74 l. pour chacune des années 1664, 1665 et 1666.

17 mai 1664. — Sentence des élus de Mortagne qui décharge la
d. d'Escorches de son imposition au rôle des tailles en exécution
du d. arrêt.

*B. N., Cab. des Titres. Nouv. d'Hozier.*

## 17.

### La Lande; 10 février 1666.

*Baptême de Pierre d'Escorches, fils d'Antoine, s<sup>r</sup> des Genestes,*
*et de Anne La Vie. Parrain : Pierre d'Escorches, éc<sup>r</sup>, s<sup>r</sup> du*
*Mesnil-Sainte-Croix: marraine : Françoise Michelet, femme*
*de Jacques Brisard, s<sup>r</sup> de la Mouchetière. Le parrain est des*
*Genettes, la marraine de Boissy-Maugis.*

*Registres paroissiaux de la Lande-sur-Eure.*

## 18.

Bellesme; 22 mars 1666.

*Contrat de mariage de Pierre d'Escorches et de Louise Petitgas.*

Contract de mariage de Pierre d'Escorches, écr, sr du Mesnil-Sainte-Croix, sgr et patron des Genettes, au vicomté de Verneuil, accordé le lundi 22e de mars 1666, avec dlle Louise Petitgas, fille de Me Isaïe Petitgas, vivant sr de la Garenne, conseiller du roy et ancien président en l'élection du Perche et de dlle Marguerite Poulard, sa femme. Ce contract passé devant Christophe Cholet, notaire à Bellême.

B. N., Cab. des Titres; Nouv. d'Hozier; d'Escorches, fol. 21 v°. Analyse.

## 19.

Saint-Martin-des-Genettes; 21 juin 1666.

*Contrat de mariage de Charles d'Escorches et de Gabrielle Petitgas.*

Contrat de mariage de Charles d'Escorches, écr, sr des Tesnières et du Mesnil, fils de Pierre d'Escorches, écr, sr du Mesnil-Sainte-Croix, sgr et patron de Saint-Martin des Genettes, et de feue dlle Marie du Pastis, sa femme, et assisté de dame Louise Petitgas, sa mère-en-loi, lors femme du dit Pierre d'Escorches, de dlle Elisabeth d'Escorches sa sœur, et de dlle Marguerite d'Escorches, sa tante, accordé, le 21 juin de l'an 1666, avec dlle Gabrielle Petitgas, fille de Me Charles Petitgas, sr de la Houssaie, avocat au Parlement, et de dlle Marguerite Goyer, sa femme, demeurans à Bellême, et assistée de la dite Louise Petitgas, sa tante, et de dlle Marguerite Petitgas, sa sœur. Ce contrat passé, au dit lieu du Mesnil-Sainte-Croix, dans la d. paroisse de Saint-Martin des Genettes, devant Pierre Harel et Jacques Le Grand, tabellions du vicomté de L'Aigle.

B. N., Cab. des Titres; Nouv. d'Hozier; d'Escorches, fol. 20. Analyse.

## 20.

Alençon; 12 avril 1667.

*Maintenue de noblesse accordée, après la production de leurs*

*titres, aux membres de la famille d'Escorches, par le commis-*
*saire du Roi en la généralité d'Alençon.*

Extrait, servant d'inventaire, des pièces que met et produit, par
devant vous messire Hector-Bernard de Marle, chr, sgr de
Versigny, Conseiller du Roy en ses Conseils, Me des Requêtes
Ordinaires de son Hôtel, Commissaire départi pour le service de
S. M. en Normandie, Généralité d'Alençon,

*Robert* d'Escorches, écr, sgr de Sainte-Croix, y demeurant
élection d'Argentan ; dlle *Renée Crestot*, veuve de défunt *Jean* d'E.,
écr, sr de Moulines et du Montalou, pour elle en sa dite qualité et
comme tutrice d'*Alexandre* d'E., écr, sr de Moulines, et *Charles-
François* d'E., écr, sr de la Rozaie, enfants issus du d. défunt et
d'elle encore en bas âge, demeurant en la ville de Mortagne ;
*Pierre* d'E., écr, sr du Mesnil-Sainte-Croix, demeurant à Saint-
Martin des Genestes, élection de Verneuil ; *Jean* d'Escorches, écr,
sr de Boutigny, demeurant en la paroisse de Marchainville,
élection de Longny, généralité d'Orléans ; dlle *Marguerite* d'E.,
veuve messire Alexandre Foustcau, demeurante à Mortagne ;
*Louis* d'E., écr, sr de la Valée-Sainte-Croix, et *René* d'Escorches,
écr, sr du Coudré-Sainte-Croix, le d. Louis demeurant en la
paroisse de Sainte-Marguerite-des-Loges, et le d. René en la
paroisse de Chaumont de la d. élection de Lizieux, baillage
d'Evreux (1) :

. . . . . . . . . . . . . . . . . . . . . . . .
. . . . . . . . . . . . . . . . . . . . . . . .
. . . . . . . . . . . . . . . . . . . . . . . .

Mis au greffe de la dite commission, ce 11 avril 1667, par
Robert d'Escorches, écr, sgr de Sainte-Croix. Signé : HAMARD.

Le commis consent la décharge.

Fait ce 12 avril 1667. Signé : THIBAULT.

Le procureur du Roi qui a vu les pièces ci-dessus n'empêche la
décharge. Signé : GAULTIER.

Bernard-Hector de Marle, commissaire départi en la généralité
d'Alençon, — vu par nous : les titres de noblesse des srs d'Escorches, le consentement du commis, les conclusions du Procureur du Roi, — nous estimons que les d. d'Escorches doivent
être maintenus en leur qualité de nobles. Fait ce 12 avril 1667.
Signé : DE MARLE, et plus bas : par mon d. sr, signé : SEURRAT.

*B. N., Cab. des Titres; Nouv. d'Hozier; d'Escorches, pièce 9. Copie
d'une expédition signée : Clairembault, délivrée sur la minute originale,
à Paris, le 10 mai 1725.*

---

(1) Nous ne reproduisons pas ici l'analyse de ces nombreuses pièces
parce que nous donnons à leur ordre chronologique celles qui rentraient
dans notre cadre et dont nous n'avons pas de copie plus détaillée.

## 21.

### 30 juin 1667.

#### *Mariage de Robert d'Escorches avec Charlotte Malart.*

Attestation donnée par M$^r$ Fontaine, curé de la Ferrière-au-Doyen, le jeudi 30 juin 1667, portant que, le dit jour, il avoit donné la bénédiction nuptiale à Robert d'Escorches, éc$^r$, sg$^r$ de Sainte-Croix, de la paroisse de Sainte-Croix du Mesnil-Gonfroy, diocèse de Lisieux, et à d$^{lle}$ Charlotte Malart, fille de feu Jaques Malart, éc$^r$, sg$^r$ de Vaufermant et de dame Barbe Le Cornu, de la paroisse de la Ferrière, la d. d$^{lle}$ assistée de la d. dame sa mère, de messire Gilles le Cornu, ch$^r$, sg$^r$ du Buat, Chavannes, etc., et de dame Antoinette de la Vove, son épouse, ses ayeul et ayeule, de Tenneguy de Saint-Aignan, éc$^r$, s$^r$ de la Grimonnière, tuteur et gardien de la d. d$^{lle}$ mineure, et autres, et ce après avoir veu les lettres de dispense et sentence d'enthérinement d'icelles, ci-dessus rapportées.

*Inventaire des titres de la maison d'Escorches, conservé au château de Résenlieu. Analyse.*

## 22.

### Orléans ; 4 octobre 1667.

#### *Récépissé de production de titres nobiliaires de la famille d'Escorches.*

Jugement, rendu à Orléans, le 4 octobre 1667, par M$^r$ de Machaut, M$^e$ des Requêtes et Intendant dans la d. Généralité, par lequel il donne à Jean d'Escorches, éc$^r$, s$^r$ de Boutigny, tant en son nom que pour François d'E., son fils aîné, éc$^r$, Garde du Corps du Roy, Pierre d'E., son 2$^e$ fils, volontaire dans le régiment Royal, sous la charge du vicomte de Dénonville, et Jean-Gilles d'E., éc$^r$, acte de la représentation qu'ils avaient faite de titres justificatifs de leur noblesse depuis l'an 1513. Cet acte signé : DE MACHAUT.

*B. N., Cab. des Titres ; Nouv. d'Hozier, dossier d'Escorches, fol. 22. Copie.*

## 23.

### Mortagne ; 13 février 1669.

#### *Bail de la métairie des Barres par A. Chalopin à Antoine d'Escorches.*

Bail, à rente foncière de la terre et métairie des Barres, située dans les paroisses de Ligneroles et des Genestes, fait, le 13 février 1669, par Anthoine Chalopin, éc$^r$, s$^r$ de la Galopinière, conseiller et procureur du Roy en l'Election de Mortagne, à Antoine d'Escorches, éc$^r$, s$^r$ des Genestes, moyennant 200 l. de rente. Cet acte reçu par Claude Hayot, notaire à Mortagne.

*B. N. Cab. des Titres; Nouv. d'Hozier; d'Escorches, fol. 4$^{ve}$.*

## 24.

Laigle : 4 septembre 1672.

*Contrat de religion d'Elisabeth d'Escorches à N.-D. de Dilection.*

..... Par devant Pierre Harel et Mathieu Piche, tabellions en la vicomté de Laigle, comme ainsy soit qu'il eust pleu aux nobles dames Supérieure, religieuses et couvent de N.-D. de Dilection estably à Laigle, recevoir en leur communauté d$^{lle}$ Elisabeth Descorches, fille de Pierre D., éc$^r$, s$^r$ du Mesnil-Sainte-Croix, etc , et de feue d$^{lle}$ Marie du Pasty, les dites dames représentées par nobles dames Renée de Foulognes, supérieure du dit couvent; Marie de Bigaré, sœur de l'Ascension; Geneviève des Acres, sœur de Sainte-Térèse ; toutes religieuses professes du dit couvent, assemblées à la grille et parloir d'icelluy, au son de la cloche, ausquelles la dite d$^{lle}$ Descorches a requis l'entrée dans leur monastère pour y faire son noviciat, et après luy donner l'habit des religieuses ce qu'elles luy ont accordé, suivant la réception, qu'elles en ont cy devant faite en leur chapitre, et, en considération de ce, le dit s$^r$ du Mesnil, demeurant en son manoir seigneurial, paroisse Saint-Martin-des-Genestes, s'est obligé payer à la d. d$^{lle}$ sa fille la somme de 150 l. de pension viagère, laquelle pension sera portée à 180 l. après la mort du dit sg$^r$; moyennant quoy le dit sg$^r$ aura la jouissance de ce qui peut appartenir à la d. d$^{lle}$ sur la succession de sa mère. Fait et passé à Laigle, le 4 septembre 1672, en présence de Charles D., éc$^r$, s$^r$ des Tennières, autre Charles des Corches, éc$^r$, s$^r$ de la Gestière, et Pierre Descorches, ch$^r$, fils du d. sg$^r$ du Mesnil-Sainte-Croix, et frères de la d. d$^{lle}$, et d$^{lle}$ Petitbois, épouse du d. s$^r$ des Tennières, et d$^{lle}$ Marie D., sœur de la d. d$^{lle}$ Elisabeth.

*Chartrier du château de la Grande-Noë. Expédition.*

25.

Bellême; 29 mai 1673.

*Contrat de mariage d'Antoine d'Escorches avec Geneviève de Fromentin.*

A tous ceux qui ces présentes lettres verront, le Garde des Seaux de la chastellenie de Bellesme, salut. Scavoir faisons que, par devant Pierre Royneau et Thomas Guérin, notaires et tabellions royaux en la ville et chastellenie de Bellesme et la Perrière soubzsignéz, furent présents en leurs personnes: Antoine d'Escorches, écʳ, sʳ des Genettes, filz de Pierre d'E., écʳ, sʳ du Mesnil-Sainte-Croix, sgʳ patron des Genettes, et de dame Marie du Pasty, assisté du dict sʳ du Mesnil, son père, et de Charles d'Escorches, écʳ, sʳ des Tenières, demeurans, scavoir : le dict sʳ des Genettes en la ville de Mortagne, paroisse Saint-Jean, les dicts sʳˢ du Mesnil et des Tenières au dict lieu seigneurial des Genettes, paroisse du dict lieu, vicomté de Verneuil, province de Normandie, d'une part; — et dᶫᶫᵉ Geneviefve de Fromentin, fille majeure, usant et jouissant de ses droicts, de deffunct Gilles de Fromentin, sʳ des Perrais et de dᶫᶫᵉ Marie de Fontenay, demeurante en ceste ville de Bellesme, assistée de Claude de Fromentin, sʳ de la Guérischère, de messire Pierre de Fontenay, chʳ, sgʳ de Courboier, Conseiller du roy, Capitaine des Chasses et Maistre Particulier des Eaux et Forestz au comté du Perche, demeurans au dict Bellesme, et de dᶫᶫᵉ Anne Thévenin, fille, demeurante au dict Bellesme, ses frère, cousin et cousine; — lesquelles parties, de l'avis des dessusditz leurs parens, ont promis et promettent se prendre et espouser l'un l'autre en foy de pur, vray, loyal et légitime mariage et icelluy solemniser en face de nostre mère Saincte Eglise le plus tost que faire se poura et que l'un d'eux par l'autre en sera requis; — est accordé entre les dictes parties qu'elles se prendront avec chacun leurs droits acquis et qu'ilz seront uns et communs en biens du jour de la bénédiction nuptialle, nonobstant la coustume du Perche à ce contraire, à laquelle en autres choses se submettent... pour l'effect de la dicte communauté, auquel effect mesme il est aussy accordé que les futurs espoux feront leur demeure en cette province du Perche et ne pourront faire d'acquest ailleurs que sous la dicte coustume et, en cas que le futur fust obligé d'en faire soubz la coustume de Normandie, la future, ses hoirs et ceux de son estoc et ligne en seront récompensés sur les effects de la dicte communauté; — acquitteront les futurs chacun leurs detes contractées auparavant la bénédiction nupțialle ; — il sera faict inventaire des meubles de la future, pour estre leur prix employé en achapt de fond d'héritages qui tiendront nature de propre à la future, desquels meubles le futur se chargera pour en disposer ainsy qu'il advisera bien estre ; — si, pendant la communauté, il estoit vendu des immeubles ou racheté des rentes de la future, le futur sera obligé en faire remploy en fond d'héritage, entre lesquelles rentes la dite future compte les deniers dont elle est mise en ordre sur les deniers provenans des biens vendus sur Me Gilles de Bry, sr de la Clergerie, avocat en Parlement, et, si les ditz remplois n'eussent esté faictz par le futur, le dict remploy demeure, dès à présent comme dès lors, consigné et affecté sur les biens du futur ; — poura la future, en cas de dissolution du dict futur mariage par mort ou autrement, de droict renoncer à la communauté et reprendre, à l'exemption de toutes dettes ce qu'elle y aura apporté, et ce qui lui sera échu par succession ou autrement, avec ses habitz, bagues, joyaux et équipages ; — le futur a donné à la future, par donation entre vifz, tout ce que par les coustumes et ordonnances il luy est permis de donner en l'estat qu'il est, ayant des enfans d'un premier lit, des biens duquel premier lit et communauté il a dit avoir fait faire ou sera tenu faire faire inventaire avant la bénédiction nuptialle ; ..... et a le dit futur doué et doue la future de la somme de 600 l. de douaire préfix ou du douaire coutumier au choix de la future..... Passé à Bellesme, maison de la dlle future, le 29 mai 1673, après midy.

*Chartrier du château de la Grande-Noë en Moulicent. Grosse signée des deux notaires.*

26.

1er septembre 1674.

*Déclaration du fief des Genettes par Pierre d'Escorches.*

Pierre d'Escorches, escr, sr du Mesnil-Sainte-Croix, demeurant en la paroisse des Genettes, vicomté de Verneuil, pour satisfaire aux déclarations de Sa Majesté pour la convocation du ban et arrière-ban, déclare qu'y luy apartient un fief appelé le fief des Genettes, quy est un quart de fief de haubert, quy relève du marquisat de Laigle, dont le chef est assis en la dite paroisse des Genettes, quy peut valloir par chascun an de rentes deues au dit fief soixante livres, et le domayne non fiefé vault environ cent cinquante livres par an.

[Signé :] DECORCHES.

Mis au greffe du bailliage d'Alençon le premier jour de septembre 1674.

[Signé :] Pierre DÈ CORCHES

MESNIL [avec paraphe].

*Arch. de l'Orne; bailliage d'Alençon. Original en papier.*

27.

20 octobre 1674.

*Requête de Pierre d'Escorches au bailli d'Alençon pour être dispensé de servir à l'arrière ban, vu : ses soixante-dix ans, ses maladies et la présence de son fils sous les drapeaux; et ordonnnance du bailli sur le même sujet.*

A Monsieur le bailly d'Alençon, ou Monsieur son lieutenant général, supplie humblement Pierre d'Escorches, escr, sr du Mesnil-Sainte-Croix, demeurant en la paroisse des Genettes, viconté de Verneuil (stipulle par Charles d'E., escr par procuration cy attachée du 14 de ce mois), et vous remontre que, quoy que son antien aage le deust dispenser du service estant de plus de soixante et dix ans, affligé de gouttes et autres maladies qui accompagnent ordinairement les vieilles gens, néanmoins il ne désireroit s'en exempter cessant que Sa Majesté, par sa déclaration et règlement de l'année 1639, article 3, dispense les pères qui ont des enfans servant actuellement et à son service en service à l'arrière ban, auquel cas il se trouve, ayant dans le service actuel Pierre d'Escorches, escr, son filz non marié, dit le chr de Sainte-Croix, servant actuellement en quallité de sous-lieutenant dans le régiment de la Fresselière, cy devant apartenant à Mr le mis d'O, dont il offre aparoir de certifficat, en lui donnant un temps compétent quy ne peut estre moins que de 3 mois.

A ces causes, mon dit sr, le suppliant requiert qu'il vous plaise le dispenser du service que ....... au dit ban et arrière ban et des taxes qui pourroient estre faittes en conséquence, et vous ferez justice.

[Signé :] Charles DESCORCHES [avec paraphe].

Nous avons, auparavant que faire droit sur la présente requeste, ordonné que le sr Descorches fera aparoir dans deux mois de certificatz en bonne forme comme son fils est dans le dit service. Fait ce 20e jour d'octobre 1674.

[Signé :] DE BOULLEMER [avec paraphe].

*Arch. de l'Orne; bailliage d'Alençon. Original sur papier timbré.*

28.

[1675 ?]

*Sommation par Pierre-Antoine du Crochet, cornette de l'escadron*
*de la noblesse du Perche, à Pierre d'Escorches, trésorier du dit*
*escadron, d'avoir à lui payer ses gages pour le service de*
*l'arrière-ban.*

A la requeste de messire Pierre-Antoine du Crochet, chr, sgr de
Maisonmaugis, Francvilliers et de la Prousterie, bon de Monthi-
reau, cy devant cornette de l'escadron de la noblesse du Perche
convocquée au service du roy pour l'arrière-ban, ..... soit sommé
et interpellé messire Pierre Descorches, chr, sgr des Genettes,
trésorier, receveur et paieur de l'escadron de la noblesse du
Perche, convoquée pour le service de l'arrière-ban, de paier .....
au dit sr de Maisonmaugis la somme à lui attribuée pour ses gaiges
en lad. qualité de cornette, par l'art. 7 de l'ordonnance de 1639 sur
la convocation du ban et arrière-ban, dont l'exécution a été
ordonnée pour la convocation faite en 1674 par l'ordonnance du
roi du mois d'août au dit an, et, en cas de reffus, donné assigna-
tion au dict sr thrésorier à comparoir d'huy en un mois par devant
MMrs les gents tenant le siège présidial de Chartres, auxquels la
connoissance est attribuée des différends qui interviendront pour
raison du ban et arrière-ban par l'art. 18 de l'ordonnance
de 1635.

*Chartrier de Maisonmaugis. Brouillon en papier sans date.*

29.

Mortagne; 29 juin 1676.

*Acte de décès et convoi d'Antoine d'Escorches, sgr des Genettes.*

Le lundy, 29e jour de juin 1676, a été transféré de cette
paroisse aux Genettes le corps de messire Antoine d'Escorches,
sgr des Genettes, décédé le jour précédent, le dit transport fait
depuis la maison jusques à Saint-Eloy et auquel transport ont
assisté : messire Jean Clérice et Alexandre Pousset, prestres, qui
ont signé avec nous curé.

[Signé :] POUSSET, J. CLÉRICE, H. GESBERT.

*Registres paroissiaux de N.-D. de Mortagne.*

*jourd'huy, 17 décembre 1757, au dit château de Courboyer, où nous nous sommes transportés à la requeste du d. sg$^r$, tant en son nom que comme ayant accepté la garde-noble de Pierre-François-Antoine des Corches, éc$^r$, issu de lui et de la d. dame, âgé d'environ 3 mois.*

*Chartrier du château de la Grande-Noë. Expédition.*

## 81.

### Les Genettes; 28 février 1758.

*Baptême d'Augustin-Robert d'Escorches, fils de Robert, éc$^r$, s$^r$ de Cherville, Ingénieur en chef, et de dame Josèphe-Françoise Le Hure; parr.: messire Augustin-Félix Le Hure; marr.: Marie-Louise d'Escorches, veuve de messire le ch$^r$ de Launay.*

Signé : DUPONT, curé.

*Registres paroissiaux des Genettes.*

## 82.

### Moulicent; 9 mai 1758.

*Baptême de Jean-François-Roch, fils de Jean-Antoine d'Escorches, et de Geneviève de Launay; parr.: François-Simon d'Escorches; marr. : Marie-Elisabeth d'Escorches de la Mouchetière.*

*Registres paroissiaux de Moulicent.*

## 83.

### Les Mesnus; 13 août 1759.

*Inhumation de Françoise Fourbet, épouse de Pierre-Alexandre d'Escorches, en présence de Pierre-François d'Escorches, éc$^r$, s$^r$ du Boulay, bachelier en droit, et de Gilles-Charles-François d'Escorches, éc$^r$.*

[Parmi les signatures une est ainsi conçue :]

D'ESCORCHES DE BOUTIGNY,
P[rêtre] C[uré] de la Ville aux Nonains
et fils de la défunte.

*Registres paroissiaux des Mesnus.*

84.

Moulicent; 13 décembre 1759.

*Baptéme de Marie-Geneviève-Elisabeth, fille de Jean-Antoine
d'Escorches, chr, sgr de la Grande-Noë, et de Geneviève de
Launay. Parr. : Charles-Antoine d'Escorches, prieur de la
Trinité-sur-Avre; marr. : Charlotte-Elisabeth d'Escorches.*

*Registres paroissiaux de Moulicent.*

85.

Villeray; 8 octobre 1760.

*Paiement par Simon d'Escorches (au nom de son fils mineur) des
droits de rachat et cheval de service dus au baron de Villeray
pour raison du fief de Beaulieu à cause du décès de Marguerite-Elisabeth de Barville, mère du dit mineur, et souffrance
accordée à ce dernier pour porter les foy et hommage et rendre
son aveu.*

Aujourd'huy, 8 octobre 1760, devant nous, Jacques-Michel
Dugué, avocat en Parlement et au siège de la baronnie de Villeray-
Riantz, de la châtellenie de la Beuvrière et justices y réunies,
expédiant les causes civiles, criminelles, de police et de gruerie
de la dite baronnie, au bourg de Villeray, bureau du greffe, est
comparu messire François-Simon Descorches, écr, sgr de la Mouchetière, demeurant à la Grande-Noë, paroisse de Moulissant,
comme ayant la garde-noble de messire-Pierre-Antoine D., son
fils, et de feue dame Marguerite-Elisabeth de Barville, lequel, en
présence du procureur fiscal de céans, a offert payer moitié du
rachat et cheval de service qui sont dus à Mr le mis de Ryantz à
cause du fief et hommage de Beaulieu, paroisse de Saint-Quentin-
le-Petit, relevant directement de sa baronnie de Villeray aux
devoirs de foy, hommage, rachat, cheval de service, justice haute,
moyenne et basse, etc., suivant cette Coutume du Grand-Perche,
par la mutation arrivée au dit fief de Beaulieu par le décès de
la d. dame Des Corches, qui, tant pour elle que pour dlle Marie-
Marguerite de Barville, sa sœur, en rendit aveu devant me Dugué,
notaire de céans, le 20 septembre 1754, le dit rachat aborné à
3 l. suivant les anciennes déclarations et aveux qui en ont été
rendus, et a le dit sr, du consentement du dit procureur fiscal,
payé ès mains de notre greffier pour mon dit sgr : 30 s. pour

moitié du dit rachat et pareil 30 s. pour moitié du cheval de service, dont quittance. Ce fait, le dit s^r nous a remontré que, le dit s^r son fils n'étant âgé que de 3 ans du 13 septembre dernier, comme il est prouvé par l'acte de son baptême fait en l'église de Nocé le 13 septembre 1757, il requiéroit qu'il nous plût luy accorder souffrance pour porter la foy et hommage qu'il doit au dit sg^r m^is de Ryantz à cause du d. fief de Beaulieu et en rendre l'aveu, jusqu'à ce qu'il ait acquis l'âge prescrit par cette coutume, sur quoy, ouy le procureur fiscal, nous avons accordé au dit mineur la souffrance requise pour faire et porter la foy, etc.

*Chartrier du château de la Grande-Noë. Expédition.*

## 86.

### 15 août 1762.

*Partages de la succession immobilière de Pierre de Barville, entre Simon d'Escorches, au nom de son fils mineur, et F.-L. de Mésenge, mari de M.-M^te de Barville.*

Partages de la succession immobilière de feu messire Pierre de Barville, ch^r, sg^r de Courboyer, etc., entre François-Simon des Corches, ch^r, sg^r de la Mouchetière, au nom et comme père, garde-noble et tuteur de Pierre-François-Antoine son fils, issu de luy et de défunte dame Marguerite-Elisabeth de Barville, son épouse, fille aînée du dit sg^r de Courboyer et de dame Marguerite des Favris, et Louis-Auguste de Barville, ch^r, sg^r de Nocé, etc., ancien capitaine de carabiniers, ch^r de Saint-Louis, curateur du dit mineur d'une part, et François-Louis de Mésange, ch^r, sg^r de Chardonnet, et dame Marie-Marguerite de Barville, son épouse :

#### Fonds paternels :

1º Terre et seigneurie de Courboyer, paroisse de Nocé, avec une sergenterie en la paroisse de Colonard, relevant en plein fief du Roy, droits seigneuriaux, nomination à la chapelle sise dans la cour avec chapelle attenante à l'église de Nocé, le tout estimé comme revenu à 867 l. et comme capital, au denier vingt : 17,340 l.; bois de futaie existant sur ladite terre estimé 740 l., ce qui fait au total pour ladite terre. . . . . . . 18,080 l.

2º Lieu et métairie de la Houtière, en Nocé, relevant de Courboyer, revenu 215 l. faisant un capital de (342 l. de réparations). . . . . . . . . 4,300

3º Lieu et terre de la Magninière, en Nocé, relevant de la seigneurie de Nocé, revenu 263 l. (322 l. de réparations). . . . . . . . . . . 5,260

4º Lieu et bordage de la Boulairie, en Nocé, rele-

vant de la seigneurie de Courboyer, revenu 125 l.
(206 l. de réparation) . . . . . . . . . .          2,530 l.

   5° Lieu et bordage du Thuret, en Nocé, revenu 65 l.   1,120

   6° Lieu et bordage de l'Hautel-Vaudron, en Nocé,
revenu 34 l., capital . . . . . . . . .               680

   7° Terre et métairie de la Cour du Boix, en Nocé,
relevant en partie de Nocé et en partie de Courboyer,
revenu 478 l. . . . . . . . . . . . .               9,690

   8° Terre et seigneurie du Grand Saint Quentin, en
Berd'huis, la seigneurie du Petit Saint Quentin, droits
seigneuriaux, cens, rentes, relevant de la baronnie de
Villeray, y compris les taillis, revenu 789 l., capital
15,780 l.; plus 1,980 l. pour la valeur des bois de
futaie, plus des prés rapportant 70 l. et en valant 1,400,
ce qui fait au total . . . . . . . . . .          19,160

   9° L'hotage du Petit Saint Quentin, 29 l. de revenu,
capital . . . . . . . . . . . . .                   580

   10° La terre et seigneurie du Boisguion, en Dancé,
relevant de la baronnie de Villeray, valant 365 l. de
revenu, valant avec 6 arbres . . . . . .           7,316

   11° La terre de la Guilberdière, à laquelle est réunie
celle de la Petite-Fresnaye, paroisse de Saint-Quentin,
relevant de la seigneurie de Saint-Quentin, revenu
441 l., capital (avec 354 l. pour les arbres), réparations, 639 l. . . . . . . . . . . . .               9,174

   12° La terre du Bourg de Nocé, affermée à César
Laloy, qui se sert de la maison pour faire son auberge
et tient la terre à moitié, revenu 222 l., avec 24 l.
pour quelques vieux arbres . . . . . . . .           4,464

   (Charges : 3 b. 1/2 de blé et 40 s. de rente au Trésor
de Nocé, 3 l. à la cure et 1 l. à la seigneurie de Nocé;
réparations à faire pour 1,547 l.)

   13° La terre de Maupertuis, au bourg et paroisse de
Corubert, relevant de la seigneurie de Saint Hilaire
sur Erre et sujette aux droits de champart envers
cette seigneurie, revenu 217 l. (affermé 240 l.), réparations 783 l. . . . . . . . . . . . .               4,340

   14° Maison au carrefour du bourg de Nocé, occupée
par le sr abbé Moreau, titulaire des chapelles de
Courboyer . . . . . . . . . . . .                 1,600

   15° Une chambre, près cette maison, louée 25 l. .     500

   16° Une maison à Nocé, louée au maréchal 60 l. .   1,200

   17° Une rente de 307 l. . . . . . . . . .          6,140

   18° Rente de 9 l. . . . . . . . . . .              180

   19° Rente de 7 l. 10 s. . . . . . . . . .          150

20° Rente foncière de 4 chapons et 4 poulets
estimée . . . . . . . . . . . .    80 l.

21° rente de 6 l. . . . . . . . . . .    120

22° à 29° Diverses rentes montant à 79 l. et valant
en capital . . . . . . . . . . . .    1,580

La masse totale de la succession paternelle, sans
tenir compte des réparations à faire, irait à . . . .    98,728 l.

Rentes passives dont elle se trouve chargée, outre les droits
fonciers et seigneuriaux dont les fonds qui servent à la composer
peuvent être tenus :

1° 50 l. de rentes constituées envers MM. Duchau-
noirs. . . . . . . . . . . . . .    1,000 l.

2° à 6° Diverses rentes montant à 312 l. et faisant
un capital de . . . . . . . . . .    6,230

Total des charges . .    7,230 l.

FONDS MATERNELS :

1° Terre et seigneurie de Beaulieu, domaine et
droits, chapelle dans l'église de Saint-Quentin, relevant de la baronnie de Villeray, affermée 500 l.,
revenu 568 l. faisant un capital de 11,360 l., ce qui,
avec les bois, fait . . . . . . . . . .    11,627 l.

(Réparations, 1,007 l.)

2° Lieu et terre des Grandes Thibaudières à laquelle
a été réuni le bordage des Petites Thibaudières, en
Saint Quentin, affermée 260 l., estimé de revenu
282 l., ce qui, avec un chêne planté sur les d. terres,
fait . . . . . . . . . . . . . .    5,655

3° Bordages de la Croix et de la Bazolière, en Ber-
d'huis, affermés, revenu 118 l., 188 l. de bois . . .    2,538

4° à 10° Diverses rentes, valant en capital au denier
vingt. . . . . . . . . . . . . .    1,383

La masse totale de la succession maternelle
monte à . . . . . . . . . . . .    20,909 l.

Le tout a été estimé par le nommé Aveline, laboureur et marchand, demeurant à Verrières.

[Le 1er lot des fonds paternels, composé des art. 1 à 7, et le
1er lot des fonds maternels, composé de Beaulieu et des art. 1 et 4
à 10, ont été choisis par le sr d'Escorches.]

Fait double sous nos sings, ce 15 d'aoust 1762.

[Signé :] BARVILLE DE MÉSANGE, DESCORCHES,
DEMÉSANGE

*Chartrier du château de la Grande-Noe. Original sous seings privés.*

## 87.

### 28 novembre 1764.

*Contrat de mariage de C.-F. d'Escorches avec Marguerite Baril.*

Par devant Ch. Le Roy, notaire royal gardenottes en la chastellenie de Mortagne pour le district de Coulimer, Bazoches
et autres paroisses y annexées, du 28e jour de nov. l'an 1764, au
lieu des Gaillons, paroisse de Courgeoust, après midi, furent
présents : messire Claude-François Des Corches, chr, ancien
capitaine d'infanterie au régiment de la Marche-Province, chr de
Saint-Louis, fils de feu messire Gilles Des Corches, chr, sgr de
Rumian, et de noble dame Marie-Françoise Blanchouin, demeurant en la ville de Mortagne, paroisse de N.-D., d'une part,
et Marguerite Baril, dlle, dame de Loisey, fille de feu Pierre Baril,
écr, sgr de Loisey, capitaine d'infanterie au régiment d'Hersan, et
de noble dame Marguerite le Boyer, la dite dlle demeurant aussi au
dit Mortagne, même paroisse de N.-D., d'autre part, — en
présence de la part du dit sr de messire Gilles-François des
Corches, chr, sr du Boulay, son frère, messire Rodolphe des
Corches, chr, sr de la Hilière, aussi son frère, et, de la part de la
dite dlle, de : René Baril, écr, sgr du Moulard, du Cornet et de la
Bouvetière, ancien me partr des eaux et forêts du Perche à Mortagne, et de dame Charlotte Prévôt, son épouse, ses oncle et tante,
de messire Gilles-Louis-René Deguéroust, chr, sgr de Fréville,
ancien mousquetaire du roy, et dame Marie-Magdeleine Baril, son
épouse, ses beaufrère et sœur, de messire Pierre-Nicolas le Boyer
de Saint-Gervais, chr sgr de la Cornillière, capitaine de cavalerie
et l'un des mousquetaires de la 2e compagnie de la garde du roy,
son cousin germain, de Marie-Magdeleine de Beauvais, dlle, sa
cousine, de René-Charles-François Baril, écr, capitaine au corps
royal d'artillerie, et Marie-Gérome Baril, écr, sr de Voré, ses
cousins germains, Mr René-Louis Abot, sgr de Champs, Pierre-
Jean-Baptiste Baril, écr, capitaine aide major du Colonel général
cavalerie, René-Roch-Louis Baril, écr, sgr de Souvilliers, capitaine
d'infanterie au régiment de Bourgogne, ses cousins germains.....
seront communs en tous biens meubles et conquests immeubles,
à partir du jour de la bénédiction nuptialle, le futur déclare
ameublir de ses fonds héritages propres jusqu'à la concurrence
de 2,000 l., attendu que la dite dlle est actuellement saisie et propriétaire, outre ses habits, linges, bagues et joyaux de pareille
somme de 2,000 l. en meubles et effets mobiliers..... exclusion

des dettes antérieures au mariage..... douaire : 300 l. de rente
viagère, si mieux n'aime la d. d<sup>lle</sup> future s'en tenir au douaire
coutumier..... le survivant prendra pour son préciput sur les
meubles de la communauté, la somme de 2,000 l. soit en meubles
soit en argent..... la future ou ses futurs enfans pourront renoncer
à la communauté..... remploi sera fait des propres vendus ou les
deniers de la vente repris sur les biens de la communauté ou sur
les propres du futur..... donation à la future de l'usufruit de tous
les biens du futur, en cas de prédécès de ce dernier sans enfans
ou en cas de mort des dits enfans avant l'âge de 25 ans.....
donation réciproque par la future au futur de tous les biens, à
elle appartenans en la paroisse de Loisey, à elle échus des successions des sg<sup>r</sup> et dame de Mauregard, ses ayeul et ayeule par
partages passés devant Follet, notaire à Mortagne, le 15 juil 1745...
donation réciproque de la propriété de tous les meubles au survivant,à charge d'acquitter les dettes mobilières au cas qu'il n'y ait
pas d'enfans ou qu'ils vinssent à décéder avant 25 ans.

La minute est signée : Baril de Loisay, le chevalier des Corches,
Baril Prévôt, Baril de Freuville, de Gueroust de Freuville, Baril,
Abot de Champs, Baril de Voré, des Corches du Boulay, Baril de
Franvilliers, des Corches de la Hillière, Perrier de Villiers,
Derard de Launay, Abot de Champs, curé de Bazoches, de
Bauvais, le Bouyer de Saint-Gervais, Saint-Gervais, De Vansay
de Feings, De Vanssay, Dumoulinet, derard, La Vieuville, La
Vieuville de Vanssay, de Pilliers de Vanssay de Feings, Bogard
de Franvilliers, de Pilliers, de Pilliers Saint-Sulpice, de Vanssay
[3 fois], Baril de Vanssay, Chandebois de Courpoteney, M. Perrier
de Villiers, Perrier, V<sup>ve</sup> Del Rigny Delestang, Desperriers [4 fois],
Fouteau du Tertre, de Premeslé du Tertre, le Marchand, Abot,
Loisel, de Loysel, Baril [2 fois], Crestien, de Feings, du Chénay,
de la Gohière, Guéroulte du Landay, Deguéroust, Guéroust de
Saint-Marre, Gueroust la Gohière, Gueroust d'Erine, Guilbert du
Landey, Scautau du Bosc, Gueroust de la Gohière, Gueroust, ch<sup>r</sup>
de la Gohière, Romet Saint-Marc, de Gueroust de Breuil, de Guéroust de Sainct-Marc [bis], Glapion, Guyard, Delestang, Marie
Delestang, Fouteau du Tertre, de l'Etang du Chesnay, Chardon
de l'Etang, P. du Doit.

*Arch. de l'Orne; Série E*, dossier *d'Escorches*. Expédition délivrée et
signée par René-Joseph-Achilles Broquet de la Fresnaye, homme de loy,
notaire royal au district de Mortagne résidant à Bazoches, le 22 juil 1792.

## 88.

Neuilly-sur-Eure; 8 juin 1766.

*Délibération des habitants et assemblée concernant les intérêts de*
*la fabrique de Neuilly, tenue en présence de messire Pierre-*
*François des Corches, écr, sr de Boutigny, et de me Alexandre-*
*Louis-Robert des Corches de Boutigny, chanoine de l'église*
*cathédrale de Chartres.*

[Signé :] P.-F. DESCORCHES;
DESCORCHES DE BOUTIGNY, P. chne ;
GESLAIN.

*Minutes de Mc Peccatte, notaire à Neuilly.*

## 89.

Nogent-le-Rotrou; 14 juillet 1767.

*Mariage de Pierre-François d'Escorches avec Marie-Jeanne*
*Bence.*

L'an 1767, le 14 juillet, après la publication d'un ban fait dans
la paroisse de N.-D. de Nogent, du futur mariage de messire
Pierre-François d'Escorches de Boutigny, écr, fils majeur de
messire Pierre-Alexandre d'Escorches de Boutigny et de défunte
dame Françoise Fourbet, d'une part, et dame Marie-Jeanne Bence,
veuve de feu messire Nicolas Pinceloup, vivant bourgeois de
N.-D. de Nogent, nous avons donné la bénédiction nuptiale du
consentement par écrit de messire Pierre-Alexandre d'Escorches,
père du futur, de messire Louis-François-Guillaume Bence frère,
de dame Marie-Anne Le Cerf, son épouse, de messires François
et Jean Bence de la Poterie, ses oncles, de Anne-Marie Le Comte,
tante, qui ont signé avec nous.

*Registres paroissiaux de N.-D. de Nogent.*

## 90.

12 septembre 1767.

*Contrat de mariage de Rodolphe d'Escorches, écr, avec dlle Jeanne-*
*Henriette le Boulleur, passé devant Regnard, notaire à Reg-*
*malard, le 12 septembre 1767.*

*Collection de M. l'abbé Gaulier. Copie des preuves de Jean-François*
*en 1782. Analyse.*

## 91.

Monceaux ; 22 septembre 1767.

*Acte de célébration de mariage de Rodolphe d'Escorches, écr, avec dlle Jeanne-Henriette le Boulleur, attestatif que la bénédiction nuptiale leur a été donnée en l'église de Monceaux, le 22 septembre 1767. Le dit acte signé Hervieu et légalisé.*

*Collection de M. l'abbé Gaulier. Id.*

## 92.

Argentan ; 14 juillet 1773.

*Lettre de Mr d'Escorches, ancien capitaine de cavalerie.*

J'ai l'honneur de vous prévenir, Mr, que Mgr le prince de Soubise a bien voulu m'accorder une place de Page à la Grande Ecurie pour un petit neveu à moy, pour lequel il vous fera venir des titres par un de mes amis à Paris, à qui je les adresse pour cet effet. Je compte, Mr, vous en envoyer en assez grande quantité pour faire les preuves, et si, par hazard, il en manquait quelqu'une, je vous serais très obligé de vouloir bien me le mander afin que j'en fis faire la recherche ; permettez-moi de vous prier de vouloir bien en faire l'examen le plus tôt que vous pourrez, afin d'accélérer son entrée qui n'est déjà que trop retardée et que plus elle retardera, plus de temps il perdra ; si j'étais plus en état de voyager que je suis, j'aurais eu l'honneur de vous les aller remettre moy-même et vous faire ma prière de vive voix.

J'ay l'honneur d'estre, avec un très parfait attachement, Mr, — Votre très humble et très obéissant serviteur.

[Signé :] D'Escorches, ancien capitaine de cavalerie, chr de l'Ordre de Saint-Louis.

A Argentan-sur-Orne, en Normandie ; ce 14e juillet 1773.

*B. N. Cabinet des Titres.*

## 93.

Neuilly-sur-Eure ; 4 avril 1778.

*Sépulture de Marie-Catherine d'Escorches du Mesnil Sainte-Croix, épouse de Charles Chardon, âgée de 75 ans, inhumée par*

*Nicolas Lefebvre, prêtre, religieux cordelier, chapelain de Longny.*

*Registres paroissiaux de Neuilly-sur-Eure.*

## 94.

La Moisière; 10 mars 1780.

*Lettre de M^me d'Escorches de la Hélière au marquis de Sainte-Croix au sujet de l'inscription au Bureau de la guerre de son second fils Jean-Marie-François, alors âgé de six ans et demi.*

Monsieur, — J'ay reçu la lettre gratieuse et honneste que vous me faite l'honneur de m'écrire; je suis on ne peut plus mortifiée de n'y avoir pas répondu aussitôt que je l'aurais bien désiré, pour vous prouver, Monsieur, notre reconnoissance de l'intérest que vous avez bien voulu prendre pour notre fils aîné, et de l'engagement que vous avez eu la bonté de faire avec nous, pour la revange que vous voulez faire pour notre petit chevalier; ce qui nous flatte infiniment et nous dédomage de la peine que nous ressentons de n'avoir pu réussir pour notre malheureux aîné qui ne sera pas beaucoup plus fortuné que son cadet, vu notre peu de fortune. Je vous prie instamment, M^r, de nous accorder la continuation de vos bontés pour ces chers enfants qui, quoique de loin, ont l'honneur de vous appartenir en quelque chose; vous le voyez, M^r, par la petite généalogie que je vous envoye dans cette lettre et qui a été la cause de mon retardement à vous faire réponce. Je vous prie aussi, M^r, d'avoir la bonté de nous mander s'il est nécessaire de faire de nouveaux certificats et mémoires pour envoyer à M^r l'Intendant, ce qui a été fait pour notre aîné lorsqu'il a été proposé pour l'école Royale militaire; s'ils pouvaient servir pour notre chevalier, nous n'aurions plus que son extrait de baptême à envoyer, soit à vous, M^r, ou à M^r l'intendant pour le faire inscrire au Bureau de la Guerre. Vous nous obligerez infiniment, ainsi que de me croire avec un respectueux et sincère attachement et avec lequel j'ay l'honneur d'estre, M^r, votre très humble et très obéissante servante.

[Signé:] LE BOULLEUR D'ESCORCHES DE SAINTE-CROIX.
A la Moisière au Perche, à Longny, ce 10 mars 1780.

*Chartrier de Résenlieu. Original signé.*

## 95.

### Paris ; 1782-1783.

*Mémoire pour messire Simon-Jean Hérode, pr<sup>t</sup> au grenier à sel de Mortagne au Perche, intimé, contre messires Charles-Marie-Urbain d'Escorches et Gilles-Charles d'Escorches de Sainte-Croix, ch<sup>rs</sup> de Saint-Louis, appellans.*

A Paris, chez P.-G. Simon et N.-H. Nyon, 1782. 35 p. in-4º.

— *Autre mémoire pour les s<sup>rs</sup> d'Escorches de Sainte-Croix, appellans contre le s<sup>r</sup> Hérode intimé, « au sujet du retrait exercé par le feu curé de la Trinité-sur-Avre, Charles-Antoine d'Escorches, aux droits duquel sont aujourd'hui les s<sup>rs</sup> d'Escorches d'une acquisition faite par les s<sup>rs</sup> et dame Hérode dans le ressort de la coutume de Châteauneuf-en-Thimerais ».*

Paris, imp. de Clouzier, 1782. 27 p. in-4º

— *Réplique pour m<sup>e</sup> S.-J. Hérode, président au grenier à sel à Mortagne au Perche intimé, contre messires C.-M.-U. d'Escorches et G.-C. d'Escorches de Sainte-Croix, ch<sup>rs</sup> de Saint-Louis, appellans.*

Paris, chez P.-G. Simon et N.-H. Nyon, 1783. 11 p. in-4º.

— *Réponse pour les s<sup>rs</sup> d'Escorches de Sainte-Croix appellans contre le s<sup>r</sup> Hérode intimé.*

Paris, imp. de Clouzier, s. d. 18 p. in-4º.
Collection de M. H. Tournoüer.

## 96.

### Loisé ; (sans date) antérieur à 1783.

*Supplique adressée par Claude d'Escorches à Monsieur, comte du Perche, et à son Conseil pour obtenir la cession du droit de banc appartenant à Son Altesse dans le chœur de l'église de Loisé comme seigneur haut justicier.*

Supplie Claude [d'Escorches] et a l'honneur d'exposer à Votre Altesse et à vous nosseigneurs que la nef de l'église de Saint-Germain de Loisey est un peu petite pour contenir tous les habitants, qu'il est le seul gentilhomme qui réside en ce lieu, que désirant avoir une place distinctive dans cette église où il se trouve au rang des autres habitants et que vous este, Monsieur, seigneur haut-justicier de cette paroisse et le seul qui puisse faire placer pour Votre Altesse un banc dans le chœur et que comme Elle n'use pas de son droit, dont elle ne retire aucun avantage, le suppliant désirerait en être concessionnaire à charge d'une redevance envers Elle; que cette grâce qu'il sollicite avec instance et qui ne peut préjudicier en rien aux droits de Votre Altesse Royale peut lui estre d'autant plus aisément accordée que l'église dont est question est la seule où le suppliant puisse assister à l'office divin et que le chœur a assez d'étendue pour souffrir un retranchement particulier sans préjudicier aux cérémonies de l'office et qu'enfin comme cette paroisse est dans l'arrondissement de sa justice de la Tremblaye, personne autre que vous, Monsieur, et le suppliant ne peut réclamer ce privilège.

Ce considéré, il plaise à Votre Altesse Royale, Monsieur, et à Nos Seigneurs de votre Conseil accorder au suppliant la concession d'une place de banc (1) dans le chœur de l'église paroissiale de Saint-Germain de Loisey pour luy et sa famille aux offres qu'il fait de payer annuellement à votre domaine, Monsieur, la somme de 15 l. de rente.

*Archives nationales; R⁵ 150, cote 561, n⁰ 11.*

## 97.

Paris; 18 février 1783.

*Certificat de d'Hozier constatant que Marie-François d'Escorches a la noblesse nécessaire pour être page de la Chambre.*

Nous, Denys-Louis d'Hozier, certifions à monseigneur le comte d'Artois que Marie-François d'Escorches, éc$^r$, a la noblesse requise pour être admis au nombre des Pages de la Chambre et qu'il est né le 29 may 1769 du mariage de messire Claude-François d'Escorches, sg$^r$ de Loisey, ch$^r$ de Saint-Louis, ancien capitaine

---

(1) Le *patron* (c'est-à-dire celui qui avait fait bâtir l'église sur son terrain ou celui qui le représentait à titre d'héritier au d'ayant-cause) et le *haut-justicier* avaient seuls *droit de banc* dans le chœur de l'église; nul autre ne partageait avec eux cette prérogative, de sorte que les gentilshommes et seigneurs de fiefs ne pouvaient l'exiger ni se la disputer entre eux. Quand il y avait dans la paroisse plusieurs hauts justiciers, le droit appartenait à celui sur le terrain duquel se trouvait l'église. *Comme tous les droits féodaux, ce droit n'appartenait pas à la noblesse mais au possesseur, noble ou non, de la terre à laquelle il était attaché.*
Le banc se distinguait non seulement par la place qu'il occupait mais aussi par la forme; il pouvait être fermé à clef, avantage que n'avaient point les autres, le banc du patron était à droite, comme plus honorable, celui du haut justicier à gauche; mais lorsque le chœur était trop étroit, ces seigneurs devaient rentrer dans la nef où d'ailleurs ils pouvaient avoir un banc simultanément avec celui du chœur.

au régiment de la Marche-Infanterie, et de dame Marguerite Baril, son épouse. En foi de quoy nous avons délivré le présent certificat à Paris, le 18 février 1783. Signé : D'HOZIER.

*Copie conservée au château des Guillets.*

## 98.

### 28 juin 1783.

*Mémoire et lettres des princes d'Hénin et de Nassau au duc de Mahon au sujet de l'admission dans un des ordres de cheva-lerie espagnols de M<sup>r</sup> le Feron et du comte de Sainte-Croix à cause de leur belle conduite au siège de Gibraltar.*

Les s<sup>rs</sup> Louis-Joseph-Ctanislas le Feron et Vincent-Claude-Antoine Descorches, c<sup>te</sup> de Sainte croix, sous-lieutenant des Gardes du Corps de monseigneur c<sup>te</sup> d'Artois, se sont trouvés en qualité de volontaires au siège de Gibraltar et ont été employés sur la Tailla Piedra, commandée par M<sup>r</sup> le prince de Nassau à l'attaque du 13 septembre 1782. Ils supplient M<sup>r</sup> le prince d'Hénin, capitaine des Gardes de Monseigneur c<sup>te</sup> d'Artois, de vouloir bien demander pour eux à S. M. Catholique la croix de Saint Jacques, ou celle de Calatrava ou celle d'Alcantara : ils feront les preuves qu'exige l'admission à celui de ces ordres qu'on aura la bonté de leur accorder.

J'ai l'honneur de prier M<sup>r</sup> le duc de Crillon-Mahon de vouloir bien appuyer de son crédit à la Cour d'Espagne la demande de ces deux officiers, qui ont obtenu de lui la permission de s'em-barquer sur la Tailla Piedra et qui ont été assez heureux pour mériter les suffrages des troupes espagnoles témoins des efforts de zèle qu'ils ont multipliés pendant l'armement des batteries flottantes et à l'attaque du 13 septembre 1782.

Signé : D'ALSACE prince D'HÉNIN.

J'ai eu l'honneur de rendre compte à M<sup>r</sup> le duc de Crillon-Mahon de la conduite brillante que MM. de Sainte croix et le Feron avoient tenue à bord de la batterie la Tailla Piedra, il est impos-sible de montrer plus de zèle que ces deux officiers n'en ont montré jusqu'au dernier moment. Je me joins à eux pour prier M<sup>r</sup> le duc de Mahon de vouloir bien faire valoir leur service auprès de S. M. et je regarderai comme une récompense person-nelle les grâces que pourront obtenir des officiers qui ont été si utiles à bord de la batterie que j'avais l'honneur de commander.

A paris ; ce 28 juin 1783.

Signé : le prince DE NASSAU SIEGEN.

*Archives Nationales, T. 723. Copie.*

## 99.

Loisé; 15 janvier 1784.

*Lettre au sujet du droit de banc dans le chœur de Loisé demandé*
*à Monsieur, comte du Perche, par Claude d'Escorches.*

Monsieur,

..... J'ai l'honneur de vous prier de recevoir mes remerciements
de la bonté que vous avez eue de me faire passer un contrat de
concession et engagement de droits honorifiques..... Comme
j'espère que mon fils pourra exister après moi, je serais flatté de
luy épargner le désagrément, dès que je ne serai plus, de se voir
dépouillé de tout l'honorifique acordé par ce contrat. Comme il
n'est pas pôsible de plaire à tout le monde, un curé, des mar-
guilliers auxquels j'orais, ou mon fils, déplu, sans y avoir donné
lieu, saisiroient avec avidité l'instant de manifester leur mauvaise
volonté; s'il était possible, monsieur, de substituer à cet acte son
nom et supprimer le mien, en supposant que ce moyen soit
praticable, je renverrais l'acte avec plaisir et alors il serait nécessaire que vous voulusiez bien avoir la complaisance de me faire
indiquer la marche que j'orais à tenir pour entrer en possession
et jouir paisiblement.

J'ai l'honneur.....                         D'ESCORCHES.

*Archives nationales; R5 150, cote 561, no 11.*

## 100.

Paris, 3 janvier 1786.

*Engagement des droits honorifiques de l'église de Loisé consenti*
*par Monsieur, comte du Perche, au profit de Claude-François*
*d'Escorches et de Marie-François, son fils.*

Les commissaires nommés et députés par monseigneur Louis-
Stanislas, fils de France, frère du Roy, Monsieur, duc d'Anjou et
d'Alençon, comte du Maine, Perche et de Senonches, par résultat
de son conseil du 11 septembre 1783, pour procéder à la passa-
tion du présent contrat, à tous ceux qui ces présentes lettres
verront, salut :

Savoir faisons que, par le résultat susdaté, Monsieur a ordonné
qu'il serait par nous passe au profit du sieur Claude-François
D'Escorches, chr, sgr de la Tremblaye et autres lieux, un contrat
de concession et d'engagement des droits honorifiques de l'église

paroissiale dudit Saint-Germain pour en jouir par lui sa vie durant et après son décès par Marie-François d'Escorches, son fils, page de la Chambre de monseigneur c$^{te}$ d'Artois, aussi sa vie durant. En conséquence et à cet effet, nous commissaires susdits avons au dit s$^r$ d'Escorches, père, concédé les droits honorifiques de l'église paroissiale de Saint-Germain de Loisey, au c$^{te}$ de Mortagne appartenant, à Monsieur comme seul patron et sg$^r$ haut, moyen et bas justicier de la dite paroisse et tels que ce prince a droit d'en jouir en vertu de son apanage, à la charge par le dit s$^r$ d'Escorches et son fils de payer à la recette générale des domaines de Monsieur une redevance annuelle de trente livres, dont le premier payement écherra et se fera le 1$^{er}$ janvier de l'année prochaine 1787..... Signé et délivré aujourd'hui 3 janvier 1786.

*Suivent les signatures.*

*Archives Nationales; R$_5$ 150, cote 561, n$^o$ 11.*

## 101.

### Paris ; 1$^{er}$ mars 1789.

*Bail d'appartement, rue des Mathurins, à haut et puissant sg$^r$ Vincent-Claude-Antoine Descorches, c$^{te}$ de Sainte-Croix, major en second du régiment d'Artois-Cavalerie, ch$^r$ de Saint-Louis, demeurant à Paris, rue Thévenot; 1$^{er}$ mars 1789.*

*Arch. nat., T. 723. (Papiers des émigré) dossier d'Escorches.*

## 102.

### Strasbourg; 19 septembre 1789.

*Le comte de Sainte-Croix, major en second, d'Escorches, lieutenant de la compagnie de Montferrand, ..... figurent comme présents dans le livret pour la revue d'inspection du régiment d'Artois (cavalerie) faite par le m$^{is}$ de Vaubecourt à Strasbourg, le 19 septembre 1789.*

*Arch. nat., T. 723. (Papiers des émigrés) dossier d'Escorches.*

## 103.

### Les Mesnus ; 1792.

*Décès de Marie-Louise d'Escorches.*

L'an 1792, le 1$^{er}$ de la République Française, sur la déclaration

que nous a fait Denys Ozanne, ouvrier en laine, Marie-Anne
Madeleine que, ce jour d'hui, vers l'heure de midi, est décédée
Marie-Louise Descorches, fille majeure, âgée de 74 ans, bour-
geoise et ci-devant noble, au lieu et hameau de la Cognardière,
nous, Etienne Coignard, officier public de la communauté des
Mesnus, sommes transporté et sommes assuré du décès de la dite
défunte, et ayant trouvé le corps de la dite décédée sans aucun
signe ou indice de mort violente, ni autre circonstance qui puisse
nous donner lieu de soupçonner. Les deux déclarants ci-dessus
sont les plus proches voisins de la dite décédée et sont seuls qui
nous aient fait la déclaration ci-dessus, vu que les parents sont
très écartés du domicile de la dite décédée. *Signé.*

  *Archives de la commune des Mesnus. Registres de l'état civil* (1).


## 104.

### Novembre 1792 à août 1793.

*Requête adressée par Claude-François d'Escorches au Directoire
  du département de l'Orne pour obtenir que ses biens ne soient
  pas confisqués avec ceux de son fils émigré, et arrêté du dit
  Directoire repoussant cette requête malgré l'avis du Directoire
  du district de Mortagne.*

Aux citoyens administrateurs du département de l'Orne,
Claude-François Descorches, ancien capitaine d'infanterie, demeurant paroisse de Loisé..... représente, que par son contrat de
mariage avec Marguerite Baril, ils se sont fait donation mutuelle
de tous les meubles et effets mobiliers appartenants au premier
mourant, qu'elle lui a en outre fait don viagère des immeubles sis
paroisse de Loisé et dépendances, le tout dans le cas où ils n'au-
raient pas d'enfants vivants au moment du décès de la dite dame;
le 29 mai 1769, Marie-François D. est né de leur mariage; la
dame D. est décédée en 1781, laissant ce fils pour seul et unique
héritier, il est entré au service au régiment d'Artois-cavalerie et
est parti pour son régiment, il y a environ trois ans. En raison de
cette absence dont la cause est cependant bien légitime, il paroit
qu'il a été rangé dans la classe des citoyens émigrés et, qu'à
raison de ce, les citoyens administrateurs du District ont procédé
à l'inventaire du mobilier du requérant comme appartenant en
partie à son fils et fait afficher ses biens pour être vendus au
District. Ils ont même fait comprendre dans cette affiche des

_____
(1) C'est le premier acte civil inscrit aux Mesnus.

objets qui ont été acquis par le requérant pendant son mariage. Il ne s'occupera point dans ce moment de réclamer les portions qui pourroient lui appartenir dans le mobilier à titre de communauté, ni dans les conquêts, ni enfin les indemnités qu'il peut prétendre sur les propres de sa femme à cause des constructions qu'il y a faites, parce que ces demandes seraient prématurées; Il observera seulement qu'il est donataire de sa femme et qu'à raison de ce il a droit à la propriété en entier du mobilier et à l'usufruit des immeubles dans le cas où son fils décéderoit avant 25 ans, qu'aussi il a droit d'empêcher toutes ventes des meubles et aliénation des immeubles jusqu'à ce que son fils ait atteint l'âge de 25 ans..... Ce considéré, citoyens, il vous plaise le recevoir opposant, en conséquence déclarer qu'il n'y a lieu aux dites ventes..... [Signé :] DESCORCHES.

Le directoire du District de Mortagne estime qu'il y a lieu de faire droit à la demande.

24 novembre 1792. [Signé.]

Le directoire du département de l'Orne la repousse et arrête que l'exposant sera contraint jusqu'à concurrence de 20,000 l. à rendre compte de la gestion et administration qu'il a eues des biens de son fils mineur; 2° qu'il sera contraint à payer, si fait n'a été, la solde et habillement de 2 volontaires (montant à 1,391 l. 10 s.) pour son fils émigré, pour l'année dernière, la même solde pour l'année présente et ainsi de suite tant que durera la guerre; 21 aout 1793. [Signé.]

*Arch. de l'Orne, série E, dossier d'Escorches. Trois originaux signés, se suivant sur deux feuilles.*

## 105.

### Les Mesnus; 28 février 1794.

*Confiscation de la part de biens revenant aux d'Escorches de Loisé et de Bizou.*

En séance publique du décadi, 10 ventôse an II de la République, où étaient les citoyens Bacoup, maire, Pierre Aubert, Gilles Julien, André Angoulvent, officiers municipaux, délibérant sur la réquisition de l'agent national Tranchard sur la loi du 17 frimaire dernier, portant que les biens des pères et mères qui ont des enfants mineurs émigrés, leurs biens sont mis en séquestre et confisqués au profit de la Nation, ainsi que ceux qui ont de majeurs, jusqu'à ce qu'ils aient prouvé qu'ils ont empêché l'émigration;

Arrête qu'il y a une petite ferme située dans ladite commune appartenant par héritage au citoyen Descorches père, de la commune de Loisay, moitié avec les enfants mineurs Descorches, domiciliés en la commune de Bizou, contenant environ 50 arpents pour les deux portions, nommée la ferme du Bois des Mesnus, affermée à Gilles Julien père.

Arrête que de tout ce que dessus copie sera envoyée au citoyen administrateur du directoire du district de Mortagne.

Signé : Bacoup, maire.

*Extrait du registre des délibérations municipales de la commune des Mesnus.*

106.

Les Mesnus; 8 mai 1794.

*Arrestation de Pierre-François d'Escorches.*

Devant nous, maire et officiers municipaux de la commune des Mesnus, s'est volontairement présenté le citoyen Pierre-François Descorches, lequel nous a déclaré qu'étant parti, le 17 floréal présent mois avant le lever du soleil, pour ses affaires particulières, il n'avait en ce jour aucune connaissance de ce qui se passait en cette commune, mais, qu'ayant appris hier soir, qu'il était inculpé auprès du directoire du district et que le citoyen agent national avait donné des ordres pour son arrestation, il n'avait eu rien de plus pressé que de donner des marques de sa soumission aux lois et aux autorités constituées, comme il a toujours fait ; qu'en conséquence, il s'est promptement rendu en cette commune pour d'icy se rendre à Mortagne et se laver devant le directoire et l'agent national des inculpations dont on avait pu le charger, et a requis acte de sa déclaration, que nous lui avons accordé, et *pour entière sûreté* l'avons mis en arrestation dans sa maison sous la garde des citoyens Jean Passard et François Normand, membres de la surveillance, lesquels conjointement avec les citoyens André Angoulvent et Ambroise Navet conduiront sous la responsabilité de leurs personnes ledit citoyen Descorches au district dudit Mortagne.

Fait à la commune des Mesnus, ce 19 floréal an II de la Rép. une et indivisible.

Signé Bacoup, maire; P.-F. Descorches;

P. Aubert.

*Arch. de la commune des Mesnus. Reg. des délibérations municipales.*

## 107.

Les Mesnus ; 21 mai 1794.

*Passe-port pour Gilles-Charles d'Escorches.*

Laissé passer le citoyen Gill Charle François Descorches, ex-noble domicilié de la commune de Menu, district de Mortangne département de l'Orne, âgé de 66 ans, taille de quatre piets huit pousse, la jambe droitte plus courte que l'autre, et extropié, cheveux et sourcil blanc, yeus bleus, nez aquilin, bouche petite, manton ron, fron chauve, visage auvale, meigre, sorti de la maison d'areit de Saint Yon, ou il etait détenu dans le temps d'esclavage, par lettre de cachet, prêtez lui aide et assistance pour aller à Mortangne pour ses affaires, le requérant a signé avec nous.

Signé : François DESCORCHES, ex-noble ;
ANGOULVENT, maire ;
NEIL, secret. greffier.

*Arch. de la commune des Mesnus. Registres des délibérations municipales.*

## 108.

Les Mesnus ; 21 octobre 1794.

*Certificats de résidence pour Alexandre-Louis-Robert d'Escorches.*

Enregistrement de deux certificats de résidence délivrés au citoyen Alexandre-Louis-Robert Descorches à nous présentés le 30 vendémiaire de l'an IIIe de la République :

Le premier portant que le citoyen Alexandre Descorches, ex-curé d'Yèvres, est entré à la maison des prêtres non sermentés, le 23 mars (vieux stile) 1793, jour auquel il a été transféré lui 40me à Rambouillet. Délivré à la maison de réclusion des ci devant Jacobins de la commune de Chartres, le 4 vendémiaire l'an IIIe de la République ; dûment signé : CALAIS, concierge.

Vu et certifié au Comité de Surveillance Révolutionnaire Provisoire du district de Chartres.

Le second portant que le citoyen Alexandre-Louis-Robert de Boutigny, curé d'Yèvres, né le 16 mars 1729, est vivant pour s'être présenté aujourd'hui devant nous, qu'il réside en France et dans cette commune de Rambouillet, district de Dourdan, département de Seine-et-Oise, depuis le 8 frimaire de l'an II de la République, en la maison de détention de cette commune jusqu'à ce jour sans interruption, qu'en conséquence il n'est point émigré.

Délivré à Rambouillet le 5 vendémiaire de l'an IIIe de la République Française, une et indivisible, et a signé : Boutigny, détenu.

Vu par les administrateurs du district de Dourdan.

*Arch. communales des Mesnus; registre des délibérations municipales.*

**109.**

Verneuil; 30 avril 1796.

*Acte de décès de Jean-Antoine d'Escorches, s<sup>r</sup> de la Guitonnière.*

Aujourd'hui, 11 floréal, 4<sup>e</sup> année républicaine, devant moi, Jean-Pierre-Francoi-Guillaume Vauquelin, administrateur municipal de la commune de Verneuil, département de l'Eure, élu à l'effet de constater les naissances, mariages et décès des citoyens, est comparue Marie Vivier, femme d'Arribard, demeurant en cette commune, âgée de 38 ans, laquelle m'a déclaré que Jean-Antoine Descorches, dit Guittonnière, agé de 74 ans, natif de la commune de Moulicent, département de l'Orne, est décédé du jour d'hier, sur les deux heures après midi........ la déclarante ne sachant signer.

*Chartrier du château de la Grande-Noë. Extrait.*

**110.**

28 mai 1797.

*Lettre de Roch d'Escorches à Marie-Antoinette de la Fournerie de la Ferrière, sa femme.*

Ma chère amie, j'envoie chercher ta pie et par la même occasion j'envoie des édrijons d'artichaux à mon beau-père; je t'avertis que mes artichaux ne sont pas comme moi, ils sont fort ivrognes et tu diras au papa qu'il leur fasse souvent donner à boire s'il veut s'en faire les amis; j'aurois bien désiré qu'il eut fait un temps moins sec, mais on ne commande pas aux femmes, encore moins au tems..... Je ne te dis rien de mon oncle et ma sœur parce que je n'ai pas encore pu aller à Verneuil..... J'ai été occupé à louer deux fermes qui étaient à terme, il m'en reste encore une à louer; comme je les oguement je ne les loue pas si facilement : ce sont des gens récalcitrants qui ont de la peine à recracher quelque peu de ce qu'ils ont gagné à nos dépens pendant la Révolution et ce n'est qu'à force de batailler qu'on peut obtenir quelque chause.

J'ai trouvé tout plain de personnes qui m'ont fait force compliment. On désire que je t'amène dans le pays pour faire connoissance avec toi ; tu y es déjà un peu connue de réputation par un M. Frenard, chirurgien des environs de Mamers, qui s'est trouvé incarcéré avec ton papa à Chartres, ainsi examine toi si tu t'es acquis une bonne réputation dans ce tems là ; quant à moi, je cherche à t'en donner une bonne dans ce moment-cy...... tu vois que je pense bien à toi : j'espère que tu en fais de même à mon égard. J'ai du plaisir à le croire et t'embrasse de tout mon cœur.

[Signé :] DESCORCHES.

A la Grande-Noe, ce 9 prairial 28 mai [1797].

[Au dos :] A Madame Madame Descorches chez M. de la Ferière, près la Place d'armes, route de Bretagne, à Alençon.

*Chartrier du château de la Ferrière-Bochard. Original.*

Communiqué par M^me de Couespel de Boisgency à laquelle nous adressons nos remercîments les plus respectueux.

111.

Brunswick ; 8 mars 1798.

*Testament de Vincent-Claude-Antoine comte d'Escorches de Sainte-Croix.*

Etant présentement malade, il pouroit arriver que je vienne à mourir de cette maladie ; j'ai cru devoir disposer de mes biens et ai fait le présent testament pendant que je jouis encore d'un parfait entendement.

1º Je veux que mon corps soit inhumé de la manière qui donnera à mes amis le moins de soins et de peine ;

2º Je prie M^r le m^is de Glapion de vouloir bien recevoir comme prêt et avance pour ses affaires la somme de 50 louis, qu'il rendra à mes héritiers dans le cas seulement qu'il rentrerait dans ses biens ou partie de ses biens en France ;

3º Je lègue à M^r le c^te de Changy ma montre d'or avec sa chaîne d'or et ma canne à pomme d'or ;

4º Je destine 400 l. de France pour des messes à raison de 8 bons gros chaque messe qui seront partagés pour moitié entre M^r l'abbé de Lattre et M^r l'abbé Pierrard ;

5º Je lègue à mon exécuteur testamentaire la somme de 50 louis ;

6º Je lègue à mon domestique Regnier ma garde-robbe pour sa fidélité et ses bons services ;

7º Je lègue à la maison des orphelins de cette ville la somme de 1 écu 8 b. gr. et à la caisse des réparations des ponts et chemins publics 1 écu 8 b. gr., selon l'ordonnance de ce pays ;

8º Ce qui restera d'argent comptant des sommes que j'ai ici avec moi en déduits des dettes que je puis avoir contractées ici sera distribué aux pauvres émigrés selon le jugement de mon exécuteur testamentaire;

9º Pour le reste de mes biens meubles et immeubles, sans en excepter aucuns, je nomme à titre d'institution honorable mes seuls et uniques héritiers mon frère Roch, chr d'Escorches, et ma sœur Charlotte d'Escorches, de manière qu'ils partagent le tout en partie égale entre eux deux;

10º Je deffends tout scellé et toute inventorisation de mes effets quels qu'ils soient, comme toute intervention de qui que ce soit, voulant que mes effets soient délivrés aussitôt après ma mort à mon exécuteur testamentaire qui les délivrera respectivement à mes légataires et à mes héritiers sans aucune restriction;

11º Je nomme mon exécuteur testamentaire Mr le bon de Cohardon, avec plein pouvoir d'aranger tout ce qui regarde ma succession selon son jugement et son intégrité connue;

12º Si le présent testament ne pouvoit pas valoir comme testament dans les formes, je veux qu'il ait pleine et entierre valeur comme codicile, donnation pour cause de mort, ou de quelque autre manière que cela se pourra;

13º Voulant absolument que la teneur du présent testament soit exécutée dans tous ses points, j'ai signé en présence de sept témoins soussignés, selon les formes prescrittes par les loix.

Fait et passé à Brunswick, ce 8 mars 1798, signé : Vincent-Claude-Antoine comte Descorches de Sainte-Croix.

*Chartrier du château de la Grande-Noë. Expédition de l'acte de dépôt chez Levassor, notaire à Chartres.*

## 112.

Brunswick; 14 et 16 mars 1798.

*Acte de décès et d'inhumation de V.-C.-A. d'Escorches, comte de Sainte-Croix.*

Extractus ex registro in cœmeterio Sancti Nicolai Brunswigi sepultorum.

Anno 1798º die 14ª martii obiit et die 16 ejusdem sepultus est in cœmeterio nostro dominus Vincentius Claudius Antonius Descorches, comes de Sainte-Croix, eques ordinis regii et militaris S. Ludovici, lt colonellus equitum in servitio regis Galliæ, etc. Obiit ex phtysi, annum 47mum agens. Concordantiam hujus extractus cum registro in cœmeterio nostro sepultorum sub fide

pastorali testatur Brunswigi, die 7$^{ma}$ septembris 1825. Signé :
Fodosus Meyer, pastor ad S$^{ti}$ Nicolai ecclesiam.

*Chartrier du château de la Grande-Noë. Extrait.*

## 113.

### Les Mesnus; 27 juillet 1806.

*Décès de Françoise-Geneviève Descorches.*

L'an 1806, le 27$^e$ jour du mois de juillet par devant nous maire
officier de l'état civil de la commune des Mesnus, département de
l'Orne, canton de Longny, sont comparus Mathurin Moreau,
ouvrier en « leine », et Ambroise Navet, sacristin, tous amis de
la ci-après nommée, demeurant dite commune des Mesnus,
lesquels nous ont déclaré que ce jourd'hui, à six heures du matin,
d'Escorches de Boutigny, Françoise-Geneviève, âgée de 84 ans,
demeurant au hameau du Bois des Mesnus, fille de feu Pierre-
Alexandre de Boutigny et de feue Marie-Anne du Housset, est
décédée ce même jour et heure susdits, en ladite maison et ont
signé avec nous.                    [Signé :] NEIL, maire.

*Arch. communales des Mesnus; reg. de l'état-civil, décès.*

## 114.

### La Trinité-sur-Avre; 14 février 1807.

*Mariage civil de Charles-Pierre d'Escorches et de Marie-Madeleine*
*Poincelier.*

L'an 1807, le 14 février, 10 heures du matin, par devant nous,
adjoint, officier de l'état civil de la commune de la Trinité-sur-
Avre, canton de Tourouvre, département de l'Orne, sont
comparus :

M$^r$ Charles-Pierre d'Escorches, propriétaire et domicilié en
cette commune de la Trinité, né à Lyon le 13 septembre 1770,
majeur, fils des défunts Gilles-Charles d'Escorches et de Marie-
Marthe Regnault, tous deux décédés, savoir le père à Lyon, la
mère à Lignerolles, département de la Charente, veuf de Marie-
Françoise Le Hauguais, décédée à Verneuil, le 4 nivôse an XII;
et d$^{lle}$ Marie-Magdeleine-Angélique Poincelier, âgée de 23 ans,
née à Laon, domiciliée en cette commune, fille de Joseph Poincelier et de Madeleine-Jacquette Boulais, demeurant à Verneuil,
ci-après et consentant, lesquels nous ont requis de procéder à la
célébration du mariage projeté entre eux, etc......

*Registres de l'état civil de la Trinité-sur-Avre.*

## 115.

Bizou; 22 juillet 1813.

*Inhumation de Henriette-Jeanne Le Bouleur, âgée de 76 ans,*
*épouse de Rodolphe d'Escorches, inhumée par Renoult, curé*
*du Mage, ancien curé de Bizou, en présence du desservant de*
*Bizou, de M<sup>e</sup> Hurel, vicaire de Longny, de Marie-François*
*d'Escorches, son neveu, Jean-Guillaume de l'Estang, son*
*cousin-germain, Joseph-Jacques de Fontenay, son parent.*
*Registres paroissiaux de Bizou.*

## 116.

Mortagne; 8 janvier 1814.

*Mariage civil de Marie-François d'Escorches avec Marie-Louise-*
*Gabrielle Bonnet de Bellou.*                    ,

Le 8 janvier 1814, mariage de Marie-François Descorches, propriétaire, né, le 30 mai 1769, de feu Claude-François et de feue
dame Marguerite Baril, originaire de cette ville, y demeurant, et
dame Marie-Louise-Gabrielle Bonnet de Bellou, veuve de M<sup>r</sup> René-
Jacques de Fontenay, née le 2 juin 1771, de feu M<sup>r</sup> Louis-François
Bonnet de Bellou et de dame Marie-Catherine de Fontenay,
originaire de Bellou et demeurant en cette ville, en présence de
M<sup>r</sup> Charles-Malo Saraude de la Charpentrie, maire de Théval,
cousin de l'épouse de M<sup>r</sup> Jean-Louis Guéroult, cousin de l'époux,
témoins, et de dame Marie-Catherine de Fontenay, mère de
l'épouse, demeurant en cette ville, de M<sup>r</sup> Achille-Henry-Victor-
Alexis Bonnet de B., frère de l'épouse, demeurant aux Feugerets,
de M<sup>r</sup> Pierre-Nicolas le Bouyer de Saint-Gervais, demeurant en
cette ville.

*Arch. communales de Mortagne; reg. de l'état civil.*

## 117.

Notre-Dame de Mortagne; 19 janvier 1814.

*Mariage de Marie-François d'Escorches avec Marie-Louise-*
*Gabrielle Bonnet de Bellou.*

19 janvier 1814, mariage entre Marie-François Descorches, fils
majeur de feus Claude-François D., ancien capitaine, et de Marguerite Baril, et Marie-Louise-Gabrielle Bonnet de Beslou, veuve

de René de Fontenay, ancien capitaine, fille majeure de feu Louis-François-Joseph B. de B. et de Marie-Cath. de Fontenay, demeurans tous deux dans la ville de Mortagne

Signé : M.-L.-G. BONNET DE BELLOU DESCORCHES.

M.-F. DESCORCHES.

M.-C. DE FONTENAY, veuve BONNET DE BELLOU.

M.-L.-C. BONNET, veuve DE FRESNE DESPERRIERS.

L.-B.-C. DESPERRIERS DE FRESNES.

A. BONNET DE BELLOU.

A.-M.-J. DESPERIERS DE FRESNES.

MERCIER, curé.

*Registres paroissiaux de N.-D. de Mortagne.*

## 118.

Château de la Grande-Noë ; 25 janvier 1814.

*Testament de Madame de Bernard, née d'Escorches.*

Au nom du Père, et du Fils, et du Saint-Esprit, ainsi soit-il.

Je soussignée, Marie-Elisabeth-Geneviève Descorches, épouse de Mr Jean-Charles-François de Bernard, demeurant ensemble au château de la Grande-Noe, considérant que l'heure de la mort est incertaine, tandis que je suis saine de corps et d'esprit, et voulant donner des preuves de mon amitié au dit sr de Bernard mon mari, s'il me survit, comme aussi voulant confirmer les dispositions testamentaires que j'ai faites en sa faveur par acte public, devant Me Goislard, notaire à la résidence de Longny, le 6 oct. 1812, je donne et lègue par le présent au dit sr de Bernard, mon mari, s'il me survit, tous les biens meubles et immeubles qui m'appartiendront au jour de mon décès, à perpétuité et sans retour, de quelque nature que soient les dits biens, pour en jouir et disposer comme bon lui semblera..... pour preuve de l'affection et de la reconnaissance que je lui dois du bonheur dont je jouis sous tous les rapports..... au château de la Grande-Noe, ce 25 janvier 1814. Le testament est signé : Marie-Elisabeth-Geneviève D'ESCORCHES DE BERNARD.

*Archives du château de la Grande-Noë ; expédition de l'acte de dépôt chez Goislard.*

## 119.

Mortagne ; 17 mars 1814.

*Partages de la succession de Charles-Pierre d'Escorches.*

Aujourd'hui, 17 mars 1814, en la Chambre du Conseil du

tribunal de 1ʳᵉ instance séant à Mortagne, devant nous, Nicolas-
Charles Audollent, juge au dit tribunal, sont comparus : 1° Mʳ Jean-
Charles-François de Bernard, propriétaire, demeurant au château
de la Grande-Noe, au nom et comme tuteur spécial de Charles
d'Escorches Sainte-Croix, mineur ; 2° Mʳ Jean-Louis de Moucheron, propriétaire, demeurant commune de Normandel, tuteur
spécial d'Achille d'Escorches, mineur ; 3° Mʳ Stanislas-Louis-
Auguste-Jean-Michel de Bernard, propriétaire, demeurant à Verneuil, tuteur *ad hoc* de Zoé d'Escorches, mineure, les dits mineurs
issus du 1ᵉʳ mariage de feu Mʳ Charles-Pierre d'Escorches Sainte-
Croix avec dˡˡᵉ Marie-Françoise-Désirée le Hauguais ; 4° le sʳ Pierre-
Félix Jourdan, ancien militaire, employé des Droits-Réunis, et
dame Marie-Madeleine-Angélique le Poincelier, son épouse, veuve
du dit feu sʳ Pierre-Charles d'Escorches, et sa donataire d'une
part d'enfant ; 5° Louis-Gabriel de Moucheron, propriétaire,
demeurant en la commune de Longny, subrogé-tuteur de l'enfant
mineur issu du 2ᵉ mariage du dit Mʳ d'Escorches avec la dite
dˡˡᵉ Poincelier ; il a été procédé au tirage au sort des lots entre
lesquels les experts avaient divisé la succession du dit sʳ d'Escorches : le 1ᵉʳ lot est échu à Achille d'E., le 2ᵉ à Emilie d'E.,
issue du 2ᵉ mariage, le 3ᵉ à Zoé d'E., le 4ᵉ à la dame Jourdan et
le 5ᵉ à Charles d'E.

Suit la teneur des dits lots : le 1ᵉʳ composé d'une partie de la
terre de la Trinité-sur-Avre et estimé 13,600 fr. ; le 2ᵉ lot composé
de l'autre partie de la même terre, estimé 13,600 fr. ; le 3° lot
composé d'une autre partie de la même terre avec bâtiments de
ferme, estimé 13,600 fr. ; le 4ᵉ lot composé de la terre des Routi-
Magny, près la précédente, comprenant des bâtiments, terres,
prés et bois, située sur Randonnay [et la Trinité ?] estimé
13,600 fr. ; le 5ᵉ lot composé de la terre de la Haye-Gruelle, située
sur les communes de Randonnay et la Trinité, estimé aussi
13,600 fr.

*Chartrier du château de la Grande-Noë. Expédition.*


## 120.

### Moulicent ; 26 décembre 1815.

*Acte de décès de Mᵐᵉ de Bernard, née d'Escorches.*

L'an 1815, le 26 décembre, avant midy, devant nous, maire de
la commune de Moulicent, canton de Longny, département de
l'Orne, est comparu Jean-François Lamy, jardinier, lequel nous a
déclaré que noble dame Marie-Elisabeth-Geneviève des Corches,
sa maîtresse, épouse de messire Jean-Charles-François de Ber-

nard, ancien capitaine de cavalerie, ch[r] de Saint-Louis, était décédée ce matin à 5 heures, en son château de la Grande-Noe, en cette commune, à l'âge de 56 ans. La dite déclaration faite en présence de messire Charles-René-Henry-François de Bernard de Vilers, ancien chef de bataillon, ch[r] de Saint-Louis et beau-père de la défunte, demeurant à Verneuil.....

*Archives du château de la Grande-Noe. Extrait.*

### 121.

Chartres; 27 avril 1329.

*Partages de la succession de V.-C.-A. d'Escorches, comte de Sainte-Croix.*

Aujourd'huy, 27 avril 1829, devant Me Vassard, notaire à Chartres, se sont présentés :

1° Mr Jean-Charles-François de Bernard de Villers, ch[r] de Saint-Louis, ancien capitaine de cavalerie, propriétaire, demeurant au château de la Grande-Noe, commune de Moulicent, légataire universel de Mme Marie-Elisabeth-Geneviève Descorches, sa 1re épouse, décédée sans descendans ni ascendans en 1815, laquelle, en son nom personnel et comme seule héritière du sang de Mr Jean-François-Roch Descorches, son frère-germain, décédé sans ascendans ni descendans à Verneuil, le 2 oct. 1798, avait droit à la moitié dévolue aux parents de la ligne paternelle de la succession de Mr Vincent-Claude-Antoine Descorches, c[te] de Sainte-Croix, son frère consanguin, ancien officier aux Gardes d'Artois, décédé célibataire et sans ascendans en émigration, à Brunswick, le 14 mars 1798, d'une part ;

2° Mr Jacques-Armand-François c[te] de Gogué, ancien capitaine de cavalerie, ch[r] de Saint-Lazare et N.-D. du Mont-Carmel, demeurant à Chartres, et Mme Anne-Marie de Milleville de Boutonvilliers, son épouse, ayant droit à 1/3 ou 24/72 de la moitié dévolue aux parents de la ligne *maternelle* dans la succ. du c[te] de Sainte-Croix, son cousin ;

3° Mme Denise-Charlotte-Adélaïde de Bruet, épouse de Jean-François v[te] de Reviers, ch[r] de Saint-Louis, demeurant à Chapelle-Guillaume, ayant droit à 2/72 de la même moitié ;

4° Anne-Marie de Reviers de Mauny, nièce de la précédente, épouse de Alexandre-Louis Ollivier de Fontaine, ch[r] de Saint-Louis, demeurant à Chartres, ... 1/72 ;

5° Jacques-Marie-François c[te] de Reviers de Mauny, demeurant à Ancise, en Douy, près Châteaudun, qui, tant en son nom que comme légataire du ch<sup>r</sup> Jean-Charles de Reviers de Mauny, a droit à 3/72<sup>es</sup>;

6° François-Henry de Milleville, demeurant au Mans, 1/72;

7° Louis-Etienne Prudhomme, demeurant à Châteaudun, et Victoire-Adélaïde de Milleville, son épouse, 1/72;

8° Madeleine-Pélagie de Milleville, veuve de Maurice-Thomas Guérineau de la Varenne, receveur des finances à Châteaudun, demeurant à Paris, 1/72;

9° Louise-Pélagie de Milleville, veuve en 1<sup>res</sup> noces de Pierre-Jean-Michel Rabion de Saint-Pierre et épouse en 2<sup>es</sup> de Louis-René Bigot, libraire à Paris, héritière de Jean-Léopold-Stanislas de M., son père, 1/72;

10° Les enfants de Louis - Auguste - Victor de Milleville, ch<sup>r</sup> de Saint-Louis, chef de bataillon en retraite, mort à Antibes, 1/72;

11° François Delille, légataire de Louis-Antoine de M., mort à Arrou, 1/72;

12° Théodore Thorin, dem. à Saint-Loup, près Chartres, 1/72;

13° Achille-François-Thomas Levacher de la Feutrie, donataire de Victoire-Emilie-Honorée Thorin, son épouse, morte sans enfant à Palaiseau, 9/72;

14° Louis-Jacques-Antoine de Beaurepaire, demeurant à Sully, près Bayeux, 9/72;

15° Anne-Honorée de Beaurepaire, épouse de Jacques-Alexandre de Lambert du Loude, demeurant à Dreux, sœur du précédent, 9/72;

Tous d'autre part....... [lesquels se sont partagés la succession du d. Vincent-Claude-Antoine, se montant, pour chaque ligne, à 23,246 fr. 14 c. 1/2].

*Chartrier du château de la Grande-Noë. Grosse.*


## 122.

Le Bois-Joli; 26 mars 1836.

*Décès de Marie-Jeanne-Charlotte d'Escorches.*

Marie-Jeanne-Charlotte Descorches, âgée de 91 ans, propriétaire, célibataire, demeurant en cette commune, est décédée le 26 mars 1836, à 10 heures du soir, en sa maison sise au lieu du Bois-Joli.

*Registres des décès de la commune de Saint-Hilaire-lès-Mortagne.*

## 123.

Courgeoust ; 12 décembre 1836.

### *Décès de Marie-François d'Escorches.*

L'an 1836, le 12 décembre, à 2 heures du soir, devant nous, Nicolas-Jacques Marre, maire de la commune de Courgeoust, canton de Bazoches-sur-Hoesne, arrondissement de Mortagne, département de l'Orne, est comparu Jacques Boullayes, domestique, âgé de 32 ans, et René-Pierre Brosset, sacriste, âgé de 58 ans, lesquels nous ont déclaré que M<sup>r</sup> Marie-François d'Escorches, propriétaire, époux de Marie-Louise de Beslou, originaire de Loizé, fils de deffunt Claude d'Escorches et de Marguerite Baril, est décédé d'aujourd'hui, à 9 heures du matin, dans son château des Guillets, dans cette commune, âgé de 67 ans.

Signé : MARRE.       BROSSET.

*Archives de la commune de Courgeoust.*

## 124 ou 70 *bis*.

27 octobre 1734.

### *Contrat de mariage de Marie-Anne d'Escorches avec Charles-Alexandre de Launay.*

Dépôt en l'étude du notaire, effectué le 5 janvier 1736, d'un contrat de mariage sous seings privés, en date du 27 octobre 1734, entre messire Charles-Alexandre de Launay, éc<sup>r</sup>, sg<sup>r</sup> du lieu, fils légitime de feu messire Alexandre, éc<sup>r</sup>, sg<sup>r</sup> dudit lieu, et de feue Catherine-Jacqueline Le Brun de Courtomer ; et M<sup>lle</sup> Marie-Anne d'Escorches (ou des Corches), fille légitime de Gilles-Antoine, éc<sup>r</sup>, sg<sup>r</sup> et patron de Saint-Martin des Genettes, et de Marie-Anne d'Escorches. Le futur est assisté de Joseph-Pomponne de Launay, éc<sup>r</sup>, s<sup>r</sup> de Cochêt, son frère ; la future assistée de Robert d'Escorches, éc<sup>r</sup>, son frère, et de Charlotte-Antoinette d'Escorches, sa sœur.

*Archives du notariat du Merlerault.*

## 125 ou 72 *bis*.

Sainte-Colombe-la-Petite ; 26 mai 1748.

### *Vente par le marquis de Rabodanges à Robert d'Escorches de la terre de Cherville et des Rouges-Terres.*

Lecture d'un acte passé devant les notaires de Caen, le

24 avril 1748, par lequel haut et puissant seigneur messire Henri-François de Rabodanges, sg<sup>r</sup>, m<sup>is</sup> dud. lieu, sg<sup>r</sup> de Mesnil-Hermei, Mesnil-Vin, Champeaux, Sainte-Colombe-la-Petite, etc., etc., demeurant actuellement en son hôtel, à Caen, vend à Robert d'Escorches, ch<sup>r</sup>, éc<sup>r</sup>, ingénieur en chef de Carentan-en-Cotentin, demeurant ordinairement chez son père, aux Genettes, près Laigle, le fief, terre, château et seigneurie de Cherville et des Rouges-Terres (réunies vers 1740), consistant en château, maison, cours, jardins, terres labourables, prairies et herbages, déclarés relevant du m<sup>is</sup> de Courtomer à cause de sa Haute-Justice, la dite terre sise paroisse Sainte-Colombe-la-Petite, généralité d'Alençon, à l'exception néanmoins d'un canton de terre de labour et pré, nommé les Genettes, relevant de Sainte-Colombe-la-Petite, pour le prix de 76,320 l.

*Archives du notariat du Merlerault.*

# CORRECTIONS ET ADDITIONS

*Page 1 :* Au lieu de « *la Hélière, la Moisière et le Boulay en Bisou* », lisez « *la Moisière,* en Bisou, *la Hélière,* en le Mage » ; et deux lignes plus haut « *le Bois des Mesnus et le Boulay en Mesnus* ».

*Page 3, ligne 2 :* Au lieu de « *Guillaume III* », lisez « *Guillaume IV* ».

*Page 4 :* Ajouter à l'art. de Jean II qu'il avait épousé Jeanne de Cochefilet par contrat du 16 juin 1377, et qu'elle était fille de Perrin Cochefilet et veuve de Perrot le Courbe. *(Inventaire des titres de la maison d'Escorches conservé au château de Résenlieu.)*

*Page 6 :* Charlotte Abot était certainement morte dès 1613 aussi bien que son mari, comme l'indique ce passage de la pièce 6 (p. 52), « Marguerite d'Escorches aussi héritière des dits défunts ». Si dans l'acte du 6 mars 1638 (pièce n° 11, p. 54) on indique son nom sans mettre devant : « défunte », cela tient sans nul doute à une omission du rédacteur de l'acte ou plutôt du copiste qui nous l'a transmis. Il est évident également que la date du 6 mars 1638 n'est pas exacte, puisqu'il est dit dans cet acte que leur fils Jean n'avait alors que 20 ans, ce qui le ferait naître en 1618, 5 ans après la mort de ses père et mère : peut-être le copiste a-t-il mis 38 au lieu de 28.

*Page 8 :* Le testament de Marie d'Escorches femme de Fr. de Girard, sgʳ de Marcouville, est conservé aux archives d'Eure-et-Loir, E. 3,879.

*Page 10 :* Au lieu de « Robert Iᵉʳ », lisez : « Robert III ».

Page 10. Au lieu de « Robert *II, sʳ de Chemilly* », lisez : « Robert IV, sʳ de Cherville, qui suit ».

*Page 10 :* Au lieu de « 7° Un sieur Charles-Antoine, etc. », lisez :

    7° CHARLES-ANTOINE, marié en 1741 à Marie-Agnès *de Samet* (ou *Lancet*), dont naquit :

    *Agnès-Anne,* mariée à Mʳ de Lonlay, écʳ.

*Page 10 :* A l'art. de Robert IV, au lieu de « sgʳ de *Chemilly* », lisez : « sgʳ, patron de Champhaut et Cherville » ; au lieu de « ingénieur en chef de Carentan *en 1758* », lisez « en 1748 ».

*Page 10 :* Au lieu de « *A* Robert *III,* baptisé aux Genettes, etc. », lisez :

    1° ROBERT V, baptisé aux Genettes le 3 novembre 1748 ;

    2° *Anne-Victoire,* baptisée aux Genettes le 3 novembre 1748, (filleule de Gilles-Antoine d'Escorches et d'Anne de Carclaude, dame de Gémarch) (1), dame des Rouges-Terres, mariée à M<sup>r</sup> DE CORDAY D'ORBIGNY, dont M<sup>lle</sup> d'Orbigny, mariée à M<sup>r</sup> de Vitray, qui se porta héritière comme représentant la branche des Genettes, de Marie-François d'Escorches mort aux Guillets en 1836;

3° *Marie-Marthe*, baptisée le 14 octobre 1750, mariée en 1770 à M<sup>r</sup> DE DURCET.

*Page 11* : Au lieu de « C AUGUSTIN-ROBERT, etc. », lisez « 4° AUGUSTIN-ROBERT, etc. »

*Page 14* : Ajouter que Marie-Antoinette de la Fournerie de la Ferrière, femme de (Jean-François-) Roch d'Escorches, était fille de René-André de la Fournerie de la Ferrière et de Marie-Antoinette de la Fournerie de Boisgency et avait été baptisée à la Poôté le 18 mars 1767, enfin qu'elle avait épousé Roch d'Escorches, le 20 floréal an V (9 mai 1797), et Louis-Charles-François de Coüespel, le 20 brumaire an VIII (11 novembre 1799). *(Note grâcieusement communiquée par M. G. de Coüespel de Boisgency.)*

*Page 16* : Au lieu de « PIERRE-ALEXANDRE..... mort *le 10 novembre 1746* », lisez « inhumé dans le chœur de l'église de la Trinité le 6 mai 1747, après avoir participé aux Sacrements de Pénitence, Eucharistie et Extrême-Onction ».

*Page 16* : Ajouter aux articles de Charles-Marie-Urbain et de Gilles-Charles qu'ils étaient ch<sup>rs</sup> de Saint-Louis en 1782 *(pièce 95, p. 107)*.

*Page 16* : Ajouter aux enfants de Charles d'Escorches et de Catherine du Val (p. 16), « Jean, né en mai ou juin 1714. *(Voyez la pièce n° 59, p. 82)*.

*Page 17*, note 1 : Au lieu de « la Trinité-*aux-Avres* », lisez « la Trinité-sur-Avre ».

*Page 31, ligne 9* : Au lieu de « *Guibault* », lisez « Guilbaut ».

*Page 33, ligne 24* : Au lieu de « l'Etang *au* Manou », lisez « en Manou ».

*Page 34, ligne 27* : Au lieu de « *Gagnès* », lisez « Gagné ».

*Page 60, ligne 31* : Au lieu de « Petitbois », lisez « Petitgars ».

*Page 60, ligne 17* : Au lieu de « *la Enière (?)* », lisez « la Myère ».

*Page 76, ligne 13* : Au lieu de « *Vinder* (?) », lisez « Vindecq ».

*Page 78, ligne 13* : Au lieu de « *Negent* », lisez « Nogent ».

(1) Registres paroissiaux des Genettes.

# TABLE ALPHABÉTIQUE

## Des noms de personnes et de lieux contenus dans la Généalogie de la Famille d'Escorches

## A

*Abondant* [com., cant. d'Anet. Eure-et-Loir. Drouais], 11, 78.

Abot, — Antoine, sʳ de Champs, 7, 52; Charlotte, ép. de Jean d'E., 6, 7, 22, 51, 52, 53, 54, 85, 127; Esprite, ép. de Jacques du Paty, 7; Gilles, sʳ du Rérai, 6, 51, 85; Jean, curé de Champs, 7, 52, 54; Louis-René, sgr de Champs, 102; Jean-Louis, sʳ du Bouchet, 65. — Armes, 6.

Abot de Champs, curé de Bazoches, 103.

Abrantès (duchesse d'), 39. [Laure de St-Martin, ép. de Junot, duc d'A.; 1784-1838].

Achard (Marie-Madeleine), ép. de Louis de Raveton, 76.

Acher (Jehan d'), archer, 47.

Acres (Geneviève des), religieuse à Laigle, 60.

*Alcantara* (croix d'), 109. [Ordre religieux et militaire institué en 1214 par Alphonse IX, roi de Castille].

*Alençon* — baillage, 63; — comté, 4, 39; — duché, 48; — ville, 57; — généralité, 58, 126; place d'Armes, 117. [Orne. Normandie].

Alençon (duc d'), [Louis-Stanislas-Xavier de France], 110.

Aligre (mⁱˢ d'), 8, 9, 69.

Allezon-Reyber (Jehan d'), archer, 47.

*Ancise*, en Douy, [cant. de Cloyes; Eure-et-Loir], 123.

André (Nicolas), fermier de la Grande-Noë, 88.

Andrieux de la Houssaye (Jean-Baptiste d'), 79, 81, 95.

Angermont (Jacques d'), 55.

*Angleuse* [La Motte-d'Angluze à Bonsmoulins; Orne. Normandie], 74.

Angoulême (duc d'), 38.

Angoulvent — maire des Mesnus, 115; André, off. mun. des Mesnus, 113, 114.

*Anjou* (duc d'), [Louis-Stanislas-Xavier de France], 110.

Annebaut (d'), cⁱᵉ, 4, 42; — Mr, [Jean III, bᵒⁿ d'Annebaut, Retz et la Hunaudaie, 1552 † 1562], 46.

*Antibes*, [cant., Alpes-Maritimes], 123.

*Argentan*, [ch.-l. arr. Orne. Normandie], 1, 2, 22, 105; — élection, 55, 58.

Argouges (Jacques d'), archer, 47.

*Armentières*, [Armentières-sur-Avre, com., cant. de Verneuil; Eure. Thimerais], 16.

Arribard (Marie Vivier, femme d').

*Arrou*, [com., cant. de Cloyes; Eure-et-Loir. Perche-Gouet], 123.

Artois (d'), — gardes du Corps du cᵗᵉ, 13, 109; régiment, 28.

Artois-Cavalerie (rég. d'), 111.

Asselin (Anthoine), archer, 46.

Assy (d') — Hélène, ép. de François II d'E., 35; Jacques, 35. — Armes, 35.

*Aubry-le-Panthou*, [com., cant. de Vimoutiers; Orne. Normandie], 1, 29, 35.

Autrei — Claude, ép. de Louis d'E., sʳ de la Vallée, 5; armes de la famille, 5.

*Aube* (dép. de l'), 38.

Aubert — Jacques, curé de Normandel, 77; Nicolas, tabellion à Manou, 65; Pierre, officier municipal des Mesnus, 113, 114.

Audollent (Nicolas-Charles), juge à Mortagne, 122.

Aveline, laboureur et mᵈ à Verrières, 101.

*Avignon* (lieu d'), [terre sise dans le Perche], 93.

## B

Bacoup, maire des Mesnus, 113, 114.

*Bade* (ordre militaire de), 39.

Bail, notaire à Mortagne, 28.

Bailleul-Beauvois (Jacques de), homme d'armes, 46.

Baillehache (de), sʳ des Ostieux, 51.

Bance ou Bence — François, sʳ de la Poterie, 104; Jean, sʳ de la Poterie, 104; Louis-François, 104; Marie-Jeanne, ép. de Pierre-François d'E., 35, 104.

*Bar-sur-Ornain* (1), [Bar-le-Duc, ch.-l. dép. de la Meuse. Cap. du Barrois], 35, 44.

Baril — Marguerite, ép. de Claude-François d'E, 29, 27, 102, 109, 112, 120; Marie-Gérôme, sʳ de Voré, 102; Marie-Madeleine, ép. de Gilles-Louis-René de Guéroult, 29, 102; Pierre-Jean-Baptiste, cap. de cavalerie, 102; Pierre, sʳ de Loisé, 27, 102 ; René-Charles-François, cap. d'artillerie, 102; René-Rock-Louis, cap. d'infanterie, sgʳ de Souvilliers, 102; René, sʳ du Moulard et du Cornet, 102....., prévôt, 103. — Armes, 27.

Baril-Freuville, 103.

Baril de Vanssay, 103.

*Barils (les)*, [com., cant. de Verneuil; Eure. Normandie], 89.

Barquillet (Marguerite), ép. de Charles de la Touche, 37.

*Barraux* [com., cant. de Touvet; Isère. Dauphiné], 17.

*Barres (les)*, par. des Genettes, [cant. de Moulins-la-Marche; Orne. Normandie], 15, 59, 60, 68, 69, 72.

Bart (Léonard), notᵉ à Mortagne, 51.

Barville (de), — Louis-Auguste, sʳ de Nocé, cap. de carabiniers, 99 ; Marguerite-Elisabeth, ép. de François-Simon d'E., 12, 95, 98, 99; Marie-Marguerite, ép. de Louis-François de Mésenge, 12, 56, 99; Pierre, sʳ de Courboyer, 12, 96, 99. — Armes de la famille, 12.

Bastide (Anthoine de la), archer, 47.

Baudot (de), — Jean-René, 31. — Armes de la famille, 31.

*Bazoches* [*-sur-Hoëne*, ch.-l. de cant. Orne. Prov. du Perche], 93, 102, 103, 125.

*Bazolière (la)*, bordage en Berd'huis, • [cant. de Nocé; Orne. Perche], 101.

Beauhaire (abbé), curé de Moriers, 20.

*Beaulieu*, [seigneurie et château en St-Quentin-le-Petit, cant. de Nocé; Orne. Prov. du Perche], 1, 12, 98, 101.

*Beaulieu*, [com., cant. de Tourouvre; Orne. Normandie], 81.

Beaumarchais (Mʳ de), 93.

Beaumoncel (Madeleine de), ép. de Pierre Heurtaut, 36.

*Beaumont-le-Vicomte*, [B.-sʳ-Sarthe, ch.-l. de cant.; Sarthe. Maine], 19, 85, 86.

*Beaumont-Pied-de-Bœuf*, [com., cant. de Grez-en-Bouère; Mayenne. Maine], 29.

Beaurepaire (de), — Anne-Honorée, ép. de J.-A. de Lambert du Loude, 124; Louis-Jacques-Antoine, 124.

Beauvais (Marie-Magdeleine de), 102, 103.

*Béchereau*, [en Piacé, cant. de Beaumont-s.-Sarthe ; Sarthe. Maine],19.

Bedmar (Mʳ de), 35.

Belleau (de), — Catherine-Elisabeth, ép. de Pierre-Alexandre d'E., 31, 77, 78; Charlotte, ép. de Jean-Gilles d'E., 30, 31, 32, 74, 75, 83; François, sʳ de Petiteville, 30, 75; Philippe, sʳ de Petiteville, 31. 32, 78. — Armes de la famille, 30.

*Bellegarde*, [fief et château, en Tourouvre ; Orne. Prov. du Perche], 48, 54.

*Bellême*, [ch.-l. de cant. : Orne. Perche], 8, 15, 57, 61, 72, 91, 96.

Belleperche (Mʳ de), 77.

*Bellière* et *Bullière*, fief de René du Perriel, 78.

*Bellou-le-Trichard*, [com., cant. du Theil; Orne. Prov. du Perche], 28, 120, 125.

Bellou (de), voir : Bonnet.

Bercher (Pierre-Gilles de), sʳ de Montchevreuil, 20.

Berman (Charlotte de), ép. de Jacquet de Heurtaumont, 84.

*Berd'huis*, [com., cant. de Nocé; Orne. Perche], 100, 101.

Bernard (de), — Charles-René-Henry-François, 14; Gabrielle-Henriette, ép. de Honoré de Foulques, 14; Jean-Charles-François, sʳ de Villers, 14, 121, 122; Marie-Béatrix, ép. de Antoine Pineau, bᵒⁿ de Viennay, 14; Stanislas-Louis-Auguste-Jean-Michel, 122.

Bernard de Marigny et de Villers (armes de), 14.

Berny, curé de la Trinité, 16, 86.

Berthier (général), 39.

Bertre (Alexandre), notaire à Mortagne, 52, 53.

*Bérus*, [en St-Paterne ; Sarthe. Maine].

*Beslière (la)*, [en Mortrée ; Orne. Normandie], 14.

Beslou (Marie-Louise de), 125 [la même que M. L. de Bonnet, de *Bellou*].

---

(1) La Révolution, dont la haine pour tout ce qui se rattachait à la noblesse est connue, avait changé le nom de Bar-le-Duc en Bar-sur-Ornain, nom tiré de la rivière d'Orney qui arrose cette ville.

Boutonvilliers; voir : Milleville.

Bouvart, — Françoise-Thérèse, ép. de François Davignon, 90 ; Marie-Françoise, v<sup>ve</sup> de Jacques de Vaurier, 90 ; Marin, chanoine, 90 ; Robert, 90.

Bouvetière (la), fief de René Baril, 102.

Bouyer et Boyer (le) de S<sup>t</sup>-Gervais, — Pierre-Nicolas, 102, 103, 120 Marguerite, ép. de Pierre Baril, 87, 102.

Boyheu (Estienne de), hommes d'armes, 46.

Brancas (de), évêque de Lisieux, 38.

Brebions (les), [terre dans le Perche], 93.

Bretagne, — province de, 19 route de — à Alençon, 117.

Brégeon, notaire à Paris, 54.

Bretonnière (la), [fief de Charles Gouhier. Normandie], 51.

Bretton (le), — M<sup>r</sup>, 79 ; Renée, 79.

Breuil (le), 33, [fief de M. de Fayel].

Brezolles, [ch.-l. de cant. ; Eure-et-Loir. Thimerais], 23, 35.

Brezolettes, [com., cant. de Tourouvre ; Orne. Perche], 6, 51, 53.

Brière (château de la), [com. de la Ferrière-au-Doyen, cant. de Moulins-la-Marche ; Orne. Normandie], 13, 93.

Briet (Catherine), ép. de Léonard de Gravelle, 72.

Brizard (Jacques), s<sup>r</sup> de la Mouchetière, 8, 56, 66.

Brong (le), Marin, fourrier, 47.

Broquet de la Fresnaye (René-Joseph), 103.

Brossard (de), Elisabeth, 31 ; Robert, 34 ; Thomas, 31.

Brosset (René-Pierre), sacriste à Courgeoust, 125.

Brotz, [par. réunie à Lhôme-Chamondot, cant. de Longny ; Orne. Perche], 95, 96.

Brousdières (les), [en Tourouvre ; Orne. Perche], 48.

Brousse (la), [fief de Jacques de la Ville. Normandie], 51.

Bruet (Denyse-Charlotte-Adélaïde de), ép. de Jean-François, v<sup>te</sup> de Reviers, 123.

Brun de Courtomer (Catherine-Jacqueline le), 125.

Brunswick, [ville d'Allemagne], 13, 117, 118.

Bry (Gilles de), s<sup>r</sup> de la Clergerie, avocat au Parlement, 62.

Buat (le), [sgr<sup>ie</sup> et com., cant. de Laigle ; Orne. Normandie], 59.

Buat de Bazoches (Marie du), ép. de Jacques-René de Launay, 14, 94.

Buberthré (Jehan de), archer, 46.

Bully (Jehan de), archer, 46.

Bunel (Nicolas), 68.

Byzance, [Constantinople. Turquie], 2.

## C

Caen, [ch.-l. du dép. du Calvados. Normandie], 38, 125, 126.

Calais, concierge des Jacobins à Chartres, 115.

Calatrava (croix de), 109.

Canisy (régiment de), 36.

Carclaude (Anne de), dame de Gémarch, 128.

Carentan, [ch.-l. de cant. ; Manche. Manche. Normandie], 10, 126.

Carville (de), — Gillette, ép. de Jean III d'E., 3, 4 ; Jean, 4.

Castellier (le), [fief, en S<sup>t</sup>-Aubin-du-Thenney, cant. de Broglie ; Eure. Normandie], 4.

Catinat (Renée de), ép. de Gilles de Fromentin, grand'tante du maréchal, 8.

Cerf (le), Marie-Anne, ép. de Louis Bence, 104.

Cerf (Hôtel du Grand-), à Chartres, 89.

Chabot de Cohardon, 95.

Chaigné, fief de Louis de Chourses, [Maine], 19.

Chaise (la), [en Eperrais, cant. de Pervenchères ; Orne. Perche], 6, 51.

Challans, [cant. ; Vendée. Poitou], 19.

Chalopin, — Alexandre, 59 ; Antoine, 60 ; s<sup>r</sup> de la Galopinière, 6, 24, 52, 53, 56. — Armes de la famille, 6.

Champan (Isaac), prêtre, s<sup>r</sup> de Givey, 45

Champeaux, 126, [voy. Champhaut].

Champhaut, 126, 127, [com., cant. du Merlerault ; Orne. Normandie]

Champeaux (les), fief de Charles Gouhier de Petiteville, 32.

Champeaux-sur-Sarthe, [com., cant. de Bazoches ; Orne. Perche], 94.

Champrond (Guérin de), 95.

Champs, [com., cant. de Tourouvre ; Orne. Perche], 6, 7, 51, 52, 102.

Chandebois (de), — André-Denys, s<sup>r</sup> de la Haye, 20, 21 ; Anne-Marie, ép. de François de Martel, 9, 67, 68 ; Françoise, ép. de Charles-François d'E., 36, 67 ; Pierre-Denys, 21 ; René, s<sup>r</sup> de la Haye, 36. — Armes de la famille, 20.

Chandebois de Courpotenay, 103 ; Charlotte, ép. de Pierre IV, 20.

---

(1) Un cachet aux armes de la famille d'Escorches surmontées d'une couronne et que nous croyons avoir appartenu au marquis de Sainte-Croix, est conservé au musée de Cluny, dans la vitrine 12031, donné par M. Vial en 1894.

# H

*Vauvert*, fief de Jean Laisné, 90.

Vaux. Voir : Gautier de Vaux.

Veau (Jean), tabellion à Mortagne, 51.

Vedeau de Grandmont, — Charles-Robert, 25; Jean-Robert, sr des Ressuintes, 27; Marthe, 27.

*Vendée* [département], 17.

Vendôme (duc de), 66, 87.

*Ventrouze (la)* [com., cant. de Tourouvre; Orne. Perche], 7, 52.

*Veranvilliers* [en Crucey, cant. de Brezolles; Eure-et-Loir. Thimerais], 15, 74, 76, 79, 89.

*Verger (le)* [en Courcerault, cant. de Nocé; Orne. Perche], 88.

*Verneuil* [ch.-l. de cant.; Eure. Normandie], 14, 17; vicomté de, 31, 57, 61, 62, 116, 119, 122, 123; élection de, 58; Verneuil-au-Perche, 74, 85.

Verrier (Jeanne le), ép. d'Antoine Gouhier, 5, 49.

Verrier (Louis), laboureur au Verger, en Courcerault, 88.

*Verrières* [com., cant. de Nocé; Orne Perche], 101.

*Versailles*, — ch.-l. dép. Seine-et-Oise, 38, 39; parc de, 82; musée de, 2.

*Versigny*, fief de Hector de Marle, 58.

Vicqmarre (Renée de), ép. de Renée d'E., sr du Coudray, 5.

Vie (la), — Anne, ép. d'Antoine d'E., 8, 56, 67, 68, 70, 85; Françoise, ép. de François de Samay, 68, 73.

Vieuville (la) de Vanssay, 103.

Vigne (de la), — Guillaume, noble homme, 45; Jacques, homme d'arme, 46; Maurice, noble homme, 45.

Vigne-Thubœuf (François de la), homme d'armes, 46.

*Villafranca*, 39.

*Ville-aux-Nonains (la)* [par. réunie à Senonches; Eure-et-Loir. Thimerais], 34, 97.

Ville (Jacques de la), sr de la Brousse, 51.

*Villedieu (la)* [en Manou, cant. de la Loupe; Eure-et-Loir.Thimerais],92.

Villeray-Ryantz (baronnie de), à Condeau, cant. de Regmalart; Orne. Perche], 98, 100.

*Villers-en-Ouche* [com., cant. de la Ferté-Fresnel; Orne. Normandie], 14.

*Villiers-sous-Mortagne* [com., cant. de Mortagne; Orne. Perche], 49.

*Vimont* [en Villedieu-lez-Bailleul, cant. de Trun; Orne. Normandie], 1, 4.

*Vindecq* [en Irai, cant. de Laigle; Orne. Normandie], 76, 128.

Vintant, curé de la Trinité, 87.

*Vitray-sous-Brezolles* [com., cant. de Brezolles; Eure-et-Loir. Thimerais], 8, 69.

Vitray (Mme de), née d'Orbigny, 29.

Vivier (Marie), femme d'Arribard, à Verneuil, 116.

*Vivier (le)* [en Chaumont, cant. de Gacé; Orne. Normandie], 1, 4.

Volpillière-Fedie (Jacques de la), archer, 46.

*Voré* (chapelle de), en Regmalard, [Orne. Perche], 27.

*Voré* [fief en St-Hilaire-lez-Mortagne], 102.

Voutier (Marguerite du), ép. de François-Jacques de Robillard, 5.

Vove (de la), — Alexandre, 51; Antoine, baron de Tourouvre, 8, 54; Claude, 51; Jehan, sr de Villiers, 49; Marie, ép. de Jacques d'E., 3, 4, 48, 49, 51, 85; Robert, sr de Tourouvre, 4, 48, 51; Antoinette, ép. de Gilles Le Cornu, 59; régiment de la, 71. — Armes de la famille Lovel de la Vove, 4.

# Y

*Yèvres* [com., cant. de Brou; Eure-et-Loir. Perche-Gouet], 34, 115.

## 126.

[Dans la *Recherche de la Noblesse de la Généralité d'Alençon*, faite par Bernard de Marle, suivant l'arrêt du Conseil d'État du 22 mars 1666, figurent, pour l'élection de Mortagne (entièrement comprise, on le sait, dans la province du Perche), les deux articles suivants] :

Jean d'Escorches, s<sup>r</sup> de Moulines, Charles-François d'Escorches, s<sup>r</sup> de la Rozaye, à Mortagne, portent : *d'argent à la bande d'azur chargée de trois besants d'or* (maintenus);

Marguerite d'Escorches, veuve d'Alexandre Fousteau, réhabilitée de sa dérogeance, à Mortagne; elle porte : *d'argent à la bande d'azur chargée de trois besants d'or* (maintenue).

*Manuscrit conservé aux Arch. de l'Orne, publié dans l'Annuaire de l'Orne pour 1897, p. 65 et 66.*

## 127.

### Le Mans; 21 juin 1759.

Le 21 juin 1759, devant Guy Martigné, notaire au Mans, Pierre-Nicolas Descorches, ch<sup>r</sup>, sg<sup>r</sup> de Moulinne, demeurant paroisse de Ceton, donne 30 livres de rente viagère, à Agnès-Charlotte-Françoise Descorches, religieuse Ursuline au Mans.

Au rôle de la capitation pour 1768, le sg<sup>r</sup> de Moulinne, à Ceton, figure pour 19 livres.

*Analyse communiquée par M. l'abbé Chambois, curé de Courcebœufs, auquel nous en exprimons notre respectueuse gratitude.*

## 128.

### Bellême; 8 avril 1789.

Dans la liste des noms de ceux qui ont signé le Cahier de la Noblesse du Perche, pour les États-Généraux, figure celui de : *Descorches;* dans la liste de ceux qui ont comparu par leurs fondés de Procuration, figurent un autre : *Descorches,* et un : *F. Descorches.*

*Documents pour servir à l'Histoire des élections aux États-Généraux de 1789,* par M. de la Sicotière, p. 58 et 59.

*Cette généalogie a été rédigée en collaboration par M. l'abbé Godet, curé du Pas-Saint-Lhomer, et M. le V<sup>te</sup> de Romanet.*